JN086130

〝漬けて置く〟だけ、
おいしく整う

発酵食のストックレシピ

清水紫織

マイナビ

はじめに

「発酵食」というとどんなイメージでしょうか。
「失敗しそう」「手間がかかる」「よくわからない」

発酵食を取り入れて13年経った今、私が持つイメージはこうです。
「簡単」「めちゃくちゃおいしい」「もう手放せない」

アレルギー改善のために腸内環境を整えたくて取り入れ始めた発酵食でしたが、いつもの味つけを発酵調味料に変えるこ

とで味が決まるから化学調味料を手放せたり、冷蔵庫にお肉やお魚の漬け置きをストックしておくだけですぐに調理がすんだり、体質改善、美肌効果、ダイエット効果がみられたりと当初の期待以上のいいことづくめだったのです。

２０００人以上の生徒さんに発酵食をお伝えするなかで「私にも簡単にできた！」というお声をたくさんいただいています。皆さんもぜひ、日本の素晴らしい食文化を驚きとともに楽しんでみてください。

知っておきたい発酵の基本

納豆、ヨーグルトなどの発酵食品、
ビールや日本酒などの発酵飲料、
しょうゆやみそなどの発酵調味料など、
私たちの食生活のなかに「発酵」は根付いています。
そもそも「発酵する」とはどんなことなのか？
発酵食品に欠かせない、
麹とは何かチェックしましょう。
なぜ発酵によって保存性がアップし、
食材の旨味が引き出されて、
体にもいいのか、わかります。

人にとって有益な物質が作られる発酵とは

私たちは目に見えない小さな微生物たちと共存しています。人間がご飯を食べて分解し排泄をするように、微生物も何かからエネルギーを得て何らかの物質を作り出しています。例えば大豆のタンパク質を分解してアミノ酸を作り出した結果「みそ」ができあがったり、牛乳の乳糖を分解して乳酸を作り出した結果「ヨーグルト」になったり……。人間にとって有益な「おいしくなった」「栄養価がアップした」「保存性が高まった」などの微生物の活動を『発酵』と言います。反対に「臭くなった」「まずくなった」「毒素が生まれた」場合は『腐敗』と呼んでいます。

麹の種類

「米麹」… 蒸した米に麹菌を繁殖させたもの。
米みそや甘酒、塩麹などを作る最もポピュラーな麹。

「麦麹」… 蒸した麦に麹菌を繁殖させたもの。麦みそを作る。

「豆麹」… 蒸した大豆に麹菌を繁殖させたもの。
八丁みそなどの豆みそを作る。

米麹とひしお麹の違い

「米麹」…米の甘味とまろやかな味わいが特徴。米の産地では昔からぜいたくに米麹が使われてきました。

「ひしお麹」…麦麹と豆麹をブレンドした麹で、麦の豊富な食物繊維と大豆の旨味成分が特徴。麦の産地でポピュラーな麹です。

体も心も喜ぶ
発酵のヒミツ

「塩麹」「甘酒」「醤《ひしお》」などの発酵調味料は、
麹によって旨味が加わるだけでなく、
食材そのものの栄養価を高めてくれることがわかっています。
どんなにいい食材を選んでも、保存料や着色料が入っている
調味料を使っていると、体内でうまく分解できず、
蓄積され体の負担になってしまいます。
普段の調味料を発酵調味料に変えるだけで、
手軽に有用菌を取り入れることができ、
免疫力のアップや腸内環境を整えてくれる効果があります。

免疫機能改善に導く

腸には免疫機能の約7割が集まっているといわれ、腸内環境が健やかであればその免疫力を最大限に生かすことができます。食物繊維と発酵食品を毎日摂ることで腸内細菌のエサとなり、元気に働いてくれます。

美肌効果が期待できる

麹には保湿成分であるセラミドや美白成分のコウジ酸が含まれており、化粧品にも多く使用されています。肌が潤っているとバリア機能が高まるため、肌荒れしにくくなり艶のある美肌が期待できます。私自身も発酵食品を継続して食べるようになってから肌のトラブルがほぼなくなりました。

自信に繋がる

発酵食をストックしておくと、疲れていたり時間がなかったりしたときにもすぐに1品作ることができます。その体験は「あのときストックしておいてくれた私、ありがとう！」「こんなときにでも手作りできた！」と自分の自信に繋がっていきます。毎日の料理が少しずつ自信の積み重ねになり、ここぞというときに自分を信頼できるようになります。

腸内環境が整う

善玉菌が優位になり悪玉菌が減ると、食べたものの消化吸収がすみやかに行われ、不要なものはきちんと排泄する、巡りの良い体になります。その結果、便秘が解消しダイエットに繋がったり自律神経が整い日々の不調が遠ざかっていったりします。また精神が安定するホルモンの分泌が促され、心も穏やかになるとされています。

発酵食をストックしよう

疲れて、凝ったものは作れない。
でもできあいのものは食べたくない……
そんなときのために発酵食を
ストックしておきましょう。
食材を発酵調味料に漬け置きするだけで、
勝手に熟成して旨味がアップ。
ストックしておくと、保存もきき、
時間をかけなくても毎日、
発酵食を楽しむことができます。
また、発酵調味料に旨味が凝縮されているので、
味が決まりやすく、簡単に調味できるのも
嬉しいポイントです。

食材がやわらかくなる

30分～二晩漬け置きするだけで、麹の酵素プロテアーゼが働き、たんぱく質を分解するため肉や魚がやわらかくなり、旨味もアップ。消化吸収もしやすくなります。

シンプルな調理でもおいしくなる

塩麹、醤、甘酒など発酵調味料自体に、塩味、甘味、コクがあるので、加えるだけで、味が決まります。和えるだけでシンプルな料理でもおいしくなります。

時短になる

食材を発酵調味料に漬け置きすることで下味がついた状態でストックしておけます。その後の調味が楽になり、時短にもなります。このまま冷凍ストックできるのも嬉しい。

基本の4つの発酵調味料を作ろう

まずは代表的な「塩麹」「甘酒」「醤《ひしお》」「玉ねぎ醤《ひしお》」を仕込みましょう。塩、しょうゆ、砂糖代わりになり、ストックしておくとさまざまな料理に使えます。基本は保存容器に材料を入れて、混ぜるだけで簡単に作ることができます。

基本の塩味の調味料

塩麹

発酵調味料といえば、まずこれから始めましょう。材料を混ぜるだけで1週間~10日でできあがります。食材に塩麹を加えるだけでやわらかくなり、旨味がアップします。

冷蔵で6ヵ月 保存可

[発酵調味料を仕込む際に気をつけること]

- **清潔な調理器具を使う**
煮沸消毒やアルコール消毒した容器、スプーンなどを使いましょう。
- **素手で混ぜない**
素手で混ぜなくても発酵します。腐敗のリスクを下げましょう。
- **塩を減らさない**
塩分濃度は腐敗防止のため重要な要素です。

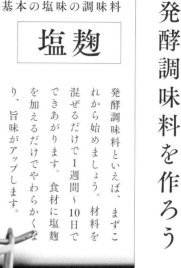

作り方

❶ 清潔な容器に乾燥米麹と塩を入れてよく混ぜる。

❷ 水を加えて、さらに混ぜ合わせる。蓋をして常温で7～10日置く。清潔なスプーンなどで1日1回下からよく混ぜる。

❸ 麹がやわらかくなり、甘い香りがしてきたらできあがり。夏なら1週間、冬なら2週間(目安)くらいで完成。冷蔵庫で保存する。

材料 作りやすい分量

乾燥米麹 … 200g
塩 … 60g
水 … 400mℓ
(生麹200gで作る場合は水300mℓ)

POINT

- 保存容器はきれいに洗って熱湯消毒する
- できあがったら冷蔵庫で保管する

優しい甘味、コクをプラスしてくれる

甘酒

米麹とお湯だけで手軽に作ることができる甘酒。砂糖代わりに使えて、ヘルシーです。料理だけでなくスイーツにも使えるので、常備したい調味料です。

冷蔵で2週間／冷凍で3ヵ月 保存可

作り方

❶ 炊飯器に乾燥米麹と湯を入れて、よく混ぜる。

❷ 保温ボタンを押し、炊飯器の蓋を開けたまま布巾をかける。温度計で70℃以上にならないようにチェックしながら、6～8時間保温する。最初の1時間は数回混ぜる。

❸ 麹がやわらかくなり、甘くなればできあがり。清潔な容器に移して冷蔵庫で保存する。

材料 作りやすい分量

乾燥米麹 … 300g
60℃くらいの湯 … 500mℓ

POINT

- 最初の1時間は必ず数回混ぜる
  ほったらかしにすると、表面に水分が行き渡らず失敗の原因に。数時間で水分が出てくるのでそれまではしっかり混ぜましょう。
- 麹の色がグレーでも問題ない
  麹によって表面がグレーっぽくなることもありますが、いやなにおいがなければ問題ないです。

※60℃、8時間設定できるヨーグルトメーカーでも作れます。

しょうゆの代わりになる

醤《ひしお》

豆麹と麦麹を混ぜた、ひしお麹を使って発酵させます。しょうゆよりもまろやかで下味をつけるのにもおすすめ。きゅうりなどの野菜を漬けて浅漬けのように楽しむこともできます。

冷蔵で4ヵ月 保存可

継ぎ足して作ることができる。その際は同じ工程を繰り返す。

作り方

❶ 容器にすべての材料を入れて、よく混ぜる。

❷ 蓋をして常温で7～10日置く。清潔なスプーンなどで1日1回下からよく混ぜる。

❸ 麹がやわらかくなり、甘い香りがしてきたらできあがり。冷蔵庫で保存する。ブレンダーやフードプロセッサーでなめらかなペースト状にしても良い。

材料 作りやすい分量

ひしお麹※ … 300g
しょうゆ … 300mℓ
水 … 150mℓ

※ひしお麹は豆麹と麦麹を混ぜたもの。本書では神楽坂発酵美人堂の「ひしおの素」を使用。

POINT

- 気温が高いとアルコール発酵しやすい
  醤は気温が高いとアルコール発酵しやすいので、できあがったら、すぐ冷蔵保存を。使用するたびによくかき混ぜるようにしましょう。
- 納豆菌に注意を
  納豆菌はすごく強い菌のため、醤が負けてしまいます。納豆を混ぜたスプーンで醤を混ぜたり、仕込む直前に納豆を食べたりしないようにしましょう。

コンソメのような豊かな風味

玉ねぎ醤《ひしお》

玉ねぎとひしお麹を使った万能な調味料。コンソメのような豊かな香りと味わいが特徴。和・洋・中さまざまな料理の味つけやコクを出すときに重宝します。

冷蔵で4ヵ月 保存可

作り方

❶ 玉ねぎはフードプロセッサーでなめらかに攪拌《かくはん》する。フードプロセッサーがない場合は、包丁で細かくみじん切りするか、すりおろし器ですりおろす。

❷ 清潔な容器にひしお麹、塩、❶の玉ねぎを加えて、よく混ぜる。

❸ 蓋をして常温で約7日間置く。清潔なスプーンで1日1回下からよく混ぜる。麹がやわらかくなり、コンソメのような香りがするまで待つ。

❹ 使いやすいようにブレンダーを使って、ペースト状にする。

❺ ペースト状になったら、できあがり。冷蔵庫に入れて保存する。

材料 作りやすい分量

玉ねぎ … 200g
ひしお麹 … 65g
塩 … 20g

POINT

・できあがりはグレーがかった茶色に
できあがりのサインは香りだけでなく、色でも確認できます。グレーがかった茶色などでも問題ありません。

CONTENTS

Chapter2

トマト塩麹、ザワークラウト、きのこ塩麹、乳酸ピクルス

野菜の発酵ストックで作る毎日の副菜

本書について

- 材料は2人分を基本としていますがレシピによって1人分、作りやすい分量などもあります。
- 大さじ1は15㎖、小さじ1は5㎖、米1合＝180㎖です。
- 「少々」は小さじ1/6未満、「適量」はちょうどよい量を入れること、「適宜」は好みで必要があれば入れることを示します。
- 野菜類は、特に記載がない場合、皮をむくなどの下処理を済ませたあとの手順から説明しています。
- 作り方の火加減は、特に記載がない場合、中火で調理してください。
- 旬の食材は地域によって差があることがあります。
- 保存期間は目安です。住環境、季節、室温、湿度などの条件によって、保存期間に差がでることがあります。ご自身で確かめながら、保存、調理してください。

本書で使用している調味料

さ（砂糖）	甘酒、本みりん、はちみつで代用
し（塩）	ミネラル分が豊富でマイクロプラスティックが除去された天日海塩「Welles」
す（酢）	通常の何倍もの米を使って作られたまろやかな「富士酢」
せ（しょうゆ）	木桶発酵熟成2年のしょうゆ「紫」
そ（みそ）	手前みそ。2種類以上を常備しブレンドして使う
油	オリーブ油、ココナッツオイル、米油、ごま油（全て圧搾製法）
本みりん	白扇酒造「福来純本みりん」

調味料を買う時のポイント

微生物の力でじっくり発酵させる「天然醸造」の調味料は、少量で抜群に味わい深いお料理にしてくれます。とりわけ木桶仕込みは、木桶に棲む多様な菌たちが生み出す複雑な旨味や香りで、奥行きのある味わいを生みます。

- みそ・しょうゆは「天然醸造」と表記のあるもの（菌の働きによって自然に発酵させて作られたものという意）にする。
- みりんは「みりん風調味料」ではなく「本みりん」を買う。
- 酢は伝統的な「静置発酵」で作られた米酢や「壺作り」の黒酢がおすすめ。

Chapter 1

豚肉、鶏肉、ひき肉、牛肉、魚

漬け置きで簡単 四季折々の メイン料理

塩麹、甘酒、醤、玉ねぎ醤で
お肉や魚を漬け置いて、
旬の野菜などと組み合わせた
メイン料理を作ってみましょう。
旬のものは栄養価が高く、
旨味が凝縮されています。

豚肉をやわらかくして旨味アップ！

豚肉×塩麹

材料 目安

豚肉 … 100g
塩麹 … 小さじ1と1/2

基本の下ごしらえ

❶ 保存袋に豚肉を入れて、塩麹を小さじ1と1/2加える。

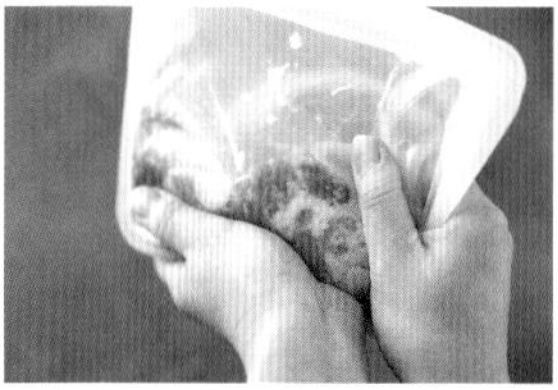

❷ 塩麹がまんべんなく行き渡るように、もみこむ。

❸ 冷蔵庫で30分〜二晩漬け置きする。（冷凍庫でストック可、解凍時は冷蔵庫で）

POINT

豚バラ肉を広げて薄く塩麹を塗る

豚バラ肉やとんかつ用のロース肉はバットに広げると塗りやすい。

使い勝手のいい豚肉は、シンプルな塩味で旨味を引き出しておくのがおすすめです。脂の多い部位も塩麹の酵素で分解することで、胃もたれせず甘味を感じる味わいに。調理した後も硬くならず、やわらかく仕上がるのも嬉しいポイント。もみこむ際には塩麹が全体に行き渡っているようにすることが大切です。

冷蔵で3日 作り置き可

新じゃがのにんにく塩肉じゃが

みずみずしい新じゃがと
優しい塩味の豚肉のハーモニー

材料 2人分

豚こま切れ肉 … 150g
塩麹 … 小さじ2強
新じゃがいも
… 3個(約300g)
ごま油 … 大さじ1と1/2
にんにく … 2かけ
水 … 300㎖
酒 … 大さじ1
塩麹 … 大さじ1/2
黒こしょう … 適量

作り方

基本の下ごしらえ
豚肉は塩麹をもみこんで漬け置く。

1 新じゃがいもは皮付きのままよく洗い、ひと口大に切る。にんにくは薄くスライスする。

2 鍋にごま油とにんにくを入れて弱火にかけ、香りが出てきたら中火にして豚肉を炒める。肉の色が変わったらじゃがいもを加え、ひとつまみの塩(分量外)をして全体に油が回るよう炒める(a)。

3 水、酒、塩麹を加えて蓋をし、じゃがいもがやわらかくなるまで10分ほど煮て、できあがり。黒こしょうを挽いていただく。

a
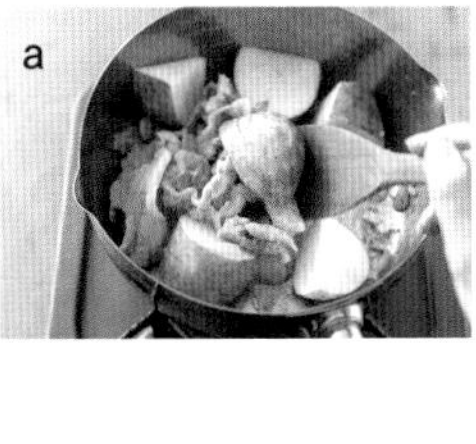
食材全体に油が回るよう、炒める

材料　2人分

豚こま切れ肉 … 150g
塩麹 … 小さじ2強
キャベツ … 1/6玉（約150g）
ピーマン … 2個（約40g）
長ねぎ … 1/3本（約30g）
ごま油 … 大さじ1と1/2
（豚の脂分に応じて適宜）
にんにく … 1かけ
豆板醤 … 小さじ1/2
A みそ … 小さじ1
　玉ねぎ醤 … 小さじ1
　甘酒 … 小さじ1
　酒 … 大さじ2

作り方

基本の下ごしらえ
豚肉は塩麹をもみこんで漬け置く。

1 キャベツはざく切り、ピーマンはひと口大、長ねぎは小口切り、にんにくは薄くスライスする。

2 フライパンにごま油大さじ1を中火で熱し、キャベツとピーマンを3分ほど炒めいったんボウルに取り出す。残りのごま油を足し、豚肉を入れてほぐしながら炒める。

3 肉の表面の色が変わったら長ねぎ、にんにく、豆板醤を加えて肉の油とごま油で香りが立つまで炒め、キャベツとピーマンを戻し入れる（a）。

4 **A**を全て入れて全体によく行き渡ったらできあがり。

キャベツとピーマンを戻し入れる

冷蔵で約6ヵ月保存可

豆板醤

［材料］ 作りやすい量
そらまめ … 正味70g（約6房）
韓国唐辛子（粉末）… 5g
生米麹 … 8g
塩 … 12g
合わせみそ … 5g
（または醤 … 10g）

乾燥米麹8gを使う場合は小さじ1/2の水で30分戻したものを使う

［作り方］

1. そらまめはさやから出して薄皮に切り目を入れ5〜7分ゆでる。
2. 皮からすり鉢に出し、残りの材料を加えてなめらかになるまですり潰す（a、b）（すり鉢の代わりにポリ袋に入れて指で潰してもOK）。
3. 消毒した清潔な容器に空気を抜きながら詰め、表面に落としラップをして蓋をする。直射日光の当たらない冷暗所で1週間寝かせたら冷蔵庫へ移して食べすすめる。

春キャベツと塩麹豚の回鍋肉《ホイコーロー》

塩麹豚×豆板醤が
野菜の味を引き立てる、
ご飯がすすむ一品

豚こまニラもやしのねぎ塩レモン

ヘルシーでさっぱり食べられる夏メニュー

材料 2人分

豚こま切れ肉 … **200g**
塩麹 … 小さじ3
もやし … 1袋(200g)
ニラ … 1束
キャベツ … 1/6玉
ナンプラー … 大さじ3
レモン汁 … 大さじ4
万能ねぎ … 5本
塩麹 … 大さじ1と1/2
ごま油 … 小さじ1

作り方

基本の下ごしらえ

豚肉は塩麹をもみこんで漬け置く。

1 ニラは5cm長さに切り、キャベツはざく切りにして、もやしと一緒に沸騰したお湯で1分ゆでる。ザルにあげて粗熱が取れたら水分を絞る。ボウルにナンプラー、レモン汁、万能ねぎの小口切りを混ぜてたれを作る。

2 ゆでて絞った野菜に塩麹とごま油を和えてナムルにする(a)。皿に平らに盛る。

3 豚肉を沸騰したお湯で色が変わるまでゆで、水気を切ったら**2**の上に乗せナンプラーのたれを上からかけてできあがり。

よく和えて野菜にしっかり味をつける

冷蔵で3日 作り置き可

塩麹豚の酢豚

塩麹パワーでジューシーな
豚肉の旨味あふれ出す

材料 2人分

豚こま切れ肉 … 200g
塩麹 … 小さじ3
片栗粉 … 大さじ1
米油 … 大さじ2
カレー粉 … 小さじ2/3
玉ねぎ … 1/2個
赤パプリカ … 1/4個
ピーマン … 1個
にんじん … 1/4本
パイナップル … 100g
A 酒 … 大さじ1
甘酒 … 大さじ1
米酢 … 大さじ1
醤 … 大さじ1
玉ねぎ醤 … 小さじ1
ケチャップ … 大さじ2
水 … 150mℓ
片栗粉 … 大さじ1

作り方

基本の下ごしらえ

豚肉は塩麹をもみこんで漬け置く。

1 豚肉に片栗粉をまぶす。玉ねぎは3～4等分のくし切りに、赤パプリカ、ピーマン、パイナップルはひと口大に、にんじんは小さめの乱切りにする。フライパンに米油を熱し、中火で豚肉をあまり動かさずに焼き(a)、色が変わったらカレー粉を振りかける。野菜類を加えて塩ひとつまみ(分量外)を入れ炒める。

2 にんじんに火が通ったらあらかじめ混ぜた**A**を一気に入れ、全体を素早くよく混ぜてお好みのとろみになったら火を止めできあがり。

豚肉は焦げないように両面を焼く

冷蔵で3日 作り置き可

かぼちゃと甘栗の醤煮

醤がかぼちゃの甘味とコクを引き立てる

材料 2人分

豚こま切れ肉 … 100g
塩麹 … 小さじ1と1/2
かぼちゃ … 300g
水 … 250㎖
醤 … 大さじ3
むき甘栗 … 40g
松の実 … 大さじ1

作り方

基本の下ごしらえ

豚肉は塩麹をもみこんで漬け置く。

1 かぼちゃは種を取り、7㎝角に切る。松の実はフライパンで炒る。

2 鍋に水、醤を入れて中火にかけ、かぼちゃを入れて(a)蓋をし、5分煮る。豚肉をほぐして加え入れ、むき甘栗を加えて再度蓋をしてさらに2分煮る。器に盛り炒った松の実をかけてできあがり。

かぼちゃは醤を入れてコトコト煮る

長いものふわふわ お好み焼き

小麦粉フリー、中はふわふわの食感で軽い

材料 2枚分

豚バラ肉または**豚こま切れ肉 … 100g**
塩麹 … 小さじ1と1/2
長いも … 200g
卵 … 1個
キャベツ … 1/6玉（約200g）
塩麹 … 小さじ1
米油 … 小さじ1
ソース、マヨネーズ、
かつお節、青のり … 適宜

作り方

基本の下ごしらえ
豚バラ肉など少し脂身のある薄切り肉に塩麹を塗り漬け置く。

1 ボウルに長いものすりおろし、卵、塩麹をよく混ぜ合わせ、千切りにしたキャベツを加えてさらによく混ぜる。フライパンに米油を熱し、2等分にしたお好み焼きの生地の1人分を流し入れ、丸く整える。

2 上面に豚肉を重ならないように広げ(a)、5～6分中弱火で焼いたらひっくり返し、さらに5～6分焼いてできあがり。お好みでソースやマヨネーズ、かつお節、青のりを乗せていただく。

豚肉を上面に乗せることで、表面がカリッと香ばしく仕上がる

材料 2人分

豚バラ肉 … 200g
塩麹 … 小さじ3
白菜 … 1/4玉（約500g）
水 … 500mℓ
辛みそ … 60g
酒 … 大さじ1
にんにく … 2かけ

作り方

基本の下ごしらえ

豚肉は塩麹をもみこんで漬け置く。

1 白菜に豚肉を挟み（a）、約10cmに切る。土鍋に水、辛みそ、酒を入れて辛みそを溶かす。

2 **1**の白菜と豚肉を土鍋に並べ、薄くスライスしたにんにくを隙間に埋め中火にかける。蓋をし沸騰したら10分ほど煮て、食材に火が通ったらできあがり。みそスープと一緒にいただく。

白菜は1～2枚ずつはがし、白菜と豚肉を交互に重ねる

アレンジレシピ

豆乳ベジ辛みそうどん

［材料］ 2人分

A 豆乳 … 600mℓ
水 … 400mℓ
辛みそ … 大さじ3
白ねりごま … 大さじ1
玉ねぎ醤 … 小さじ1
水菜 … 1株
もやし … 1/2袋（100g）
うどん … 2玉
白ごま … 適量
お好みでラー油
（または食べる発酵生ラー油※P.109参照）

［作り方］

① 水菜は5cmの長さに切る。もやしはゆでて水気を絞る。うどんは表示通りにゆでる。

② 鍋に**A**を入れてよく混ぜてから中火にかけスープを作る。スープが温まったら器にうどんとスープを入れ、もやしと水菜を盛り付け、白ごまをふってできあがり。

辛みそ

冷蔵で約3ヵ月保存可

［材料と作り方］ 作りやすい量

合わせみそ100g、一味唐辛子小さじ2、にんにく塩麹小さじ1、しょうが塩麹小さじ1/2（またはにんにくのみじん切り小さじ1、しょうがのみじん切り小さじ1/2）を全て混ぜてできあがり。すぐに食べられる。冷蔵庫で保存する。

白菜の辛みそ
ミルフィーユ鍋

簡単に作れる、
見映えもばっちりなレシピ

豚こまと大根の甘酒みそ煮

豚の旨味と甘酒の
ほのかな甘味が大根にしみこむ

材料 2人分

豚こま切れ肉 … 100g
塩麹 … 小さじ1と1/2
大根 … 1/5本（約250g）
油揚げ … 1枚
A 水 … 250mℓ
酒 … 小さじ1
麦みそ … 大さじ1と1/2
甘酒 … 小さじ1

作り方

基本の下ごしらえ

豚肉は塩麹をもみこんで漬け置く。

1 大根は1cm厚さの半月切り、またはいちょう切りに、油揚げは食べやすい大きさに切る。

2 鍋に**A**、大根、油揚げを入れて中火にかけ沸騰してから7分ほど蓋をして煮る。大根に火が通ったら豚肉を加えて（a）色が変わったらできあがり。

豚肉は煮こみすぎないように注意する

下味がしっかりついて、おいしさアップ

鶏肉×玉ねぎ醤

材料 目安

鶏肉 … 100g
玉ねぎ醤 … 大さじ1

基本の下ごしらえ

❶ 保存袋に鶏肉を入れて、玉ねぎ醤を加える。

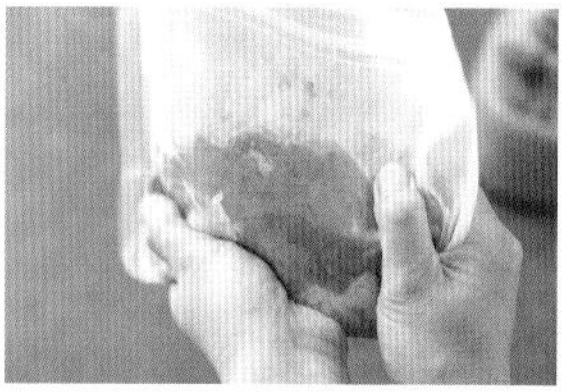

❷ 玉ねぎ醤がまんべんなく行き渡るようによくもみこむ。

❸ 冷蔵庫で30分〜二晩漬け置きする。（冷凍庫でストック可、解凍時は冷蔵庫で）

POINT

調理によって塗り方を変える

煮込み料理は鶏肉の両面に、皮をパリッと仕上げたいときは身の面のみ塗る。

鶏は洋風の味つけと相性がいい肉なので、コンソメ風味の玉ねぎ醤で下味をつけておくと、一体感のある上質なお味になります。皮目を焼いてパリッとさせたい場合は身の面だけに玉ねぎ醤を塗るのがポイントです。逆に煮物などはしっかりもみこんで、玉ねぎ醤を全体になじませましょう。

新玉ねぎとそらまめ、鶏もも肉のオーブン焼き

玉ねぎ醤に漬けることで
やわらかくジューシーに

材料 2人分

鶏もも肉 … 1枚（約300g）
玉ねぎ醤 … 大さじ3
塩 … 少々
新玉ねぎ … 1個
そらまめ（さやごと）… 4本
塩麹 … 大さじ1
エクストラバージン
　オリーブオイル … 適量

材料は重ならないように並べて
オーブンで焼く

作り方

基本の下ごしらえ

鶏もも肉は余分な水分をキッチンペーパーで拭き、両面に塩少々を振り、身をフォークで差して両面に玉ねぎ醤を塗り漬け置く。

1 新玉ねぎは土を洗い落とし、皮を剥かずに4等分（大きければ6等分）のくし切りにする。玉ねぎの断面に塩麹を塗り、オリーブオイルをかける。

2 そらまめはさやから出し、薄皮に浅い切り込みを入れる。天板にクッキングシートを敷き、皮目を上にして鶏もも肉、新玉ねぎ、そらまめを重ならないように置き（a）、そらまめにはオリーブオイルと塩適量（分量外）をかけ、170℃に予熱したオーブンで約20分焼く。焼けたら、鶏肉を食べやすい大きさに切り、皿に盛ってできあがり。

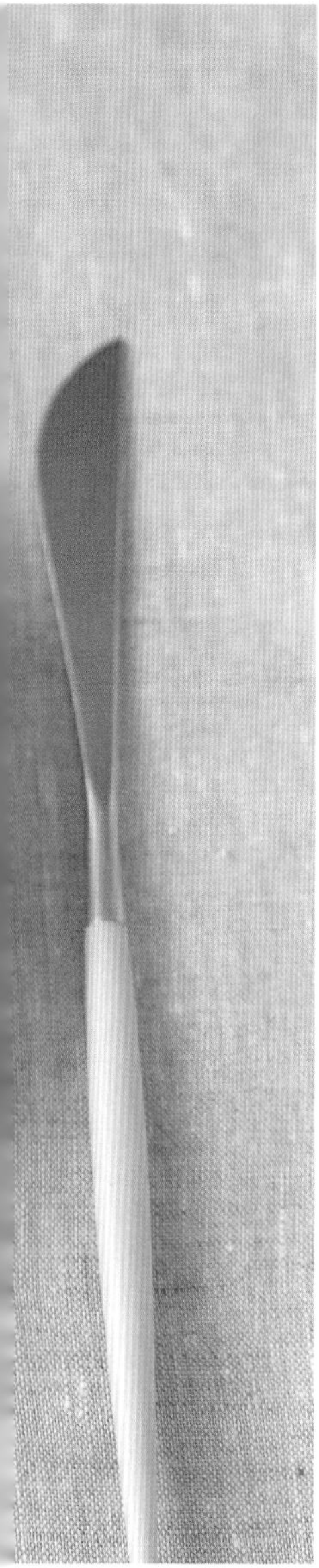

材料 2人分

鶏むね肉 … 1枚（約300g）
玉ねぎ醤 … 大さじ3
小麦粉 … 大さじ1
卵 … 1個
粉チーズ … 大さじ1
バター … 10g

［付け合わせ］
菜の花 … 100g
オリーブオイル … 大さじ1
にんにく … 1/2かけ
赤唐辛子 … 1本
塩 … 少々
ケチャップ … 適宜

作り方

基本の下ごしらえ

鶏むね肉は皮をとり、6〜8等分にカットし保存袋に入れ、玉ねぎ醤をもみこみ漬け置く。

1 鶏むね肉に小麦粉をふり入れよく混ぜる。ボウルに卵を割り、粉チーズを加えてよく混ぜる。

2 フライパンにバター5gを中弱火で溶かし、卵液をくぐらせた鶏肉を焼く（a）。片面焼けたらひっくり返し、残りのバター5gを加えて溶かし、フライパン全体に行き渡らせ、もう片面も焼けたらできあがり。お好みでケチャップを添える。

鶏肉は卵につけたら、すぐに焼く

菜の花の付け合わせの作り方

① 菜の花は食べやすい長さに切る。フライパンにオリーブオイルと薄くスライスしたにんにく、種を取った赤唐辛子を入れて弱火にかけ、香りが出てきたら菜の花を入れる。

② あまり動かさず焼き色をつけ（a）、ひっくり返してよく焼く。仕上げに塩少々をふる。

③ 鶏肉のピカタと並べて盛り付けてできあがり。

動かさずに焼くことでパリッとした食感になる

鶏むね肉のピカタ
菜の花のにんにくソテー

卵の衣でまろやかな味わいに

棒棒鶏《バンバンジー》

ささみをしっとりやわらかに
仕上げるにはお湯におくだけでOK

材料 2人分

ささみ … 3本（約150g）
玉ねぎ醤 … 大さじ2
レタス … 3枚
きゅうり … 1本
A 白ねりごま … 大さじ2
しょうゆ … 大さじ1と1/2
甘酒 … 小さじ2
米酢 … 小さじ2
豆板醤 … 小さじ1/3

作り方

基本の下ごしらえ

ささみの両面に玉ねぎ醤を塗り漬け置く。

1 レタスは食べやすい大きさにちぎり、きゅうりは1.5㎜の細切りにする。鍋にささみがしっかり隠れる量の湯を沸かし、沸騰したらささみを入れて2分で止め、10分湯の中に入れたまま置いておく。10分経ったら引き上げ、粗熱が取れたら食べやすい大きさにまで割く。

2 **A**を全て混ぜてたれを作る（a）。皿にレタス、きゅうり、ささみを盛りたれをかけて、できあがり。

たれに甘酒を加え甘さとコクをプラス

MEMO
辛味が苦手な方やお子様は豆板醤の代わりに塩ひとつまみでも良い。

黒こしょうと花椒のスパイシー唐揚げ

ピリッとスパイスが効いた
夏に食べたい唐揚げ

材料 2人分

鶏もも肉 … 1枚（約300g）
玉ねぎ醤 … 大さじ1
塩 … 少々
粗びき黒こしょう、粉花椒
… たっぷり
片栗粉 … 適量
揚げ油 … 適量

作り方

基本の下ごしらえ

鶏もも肉は両面に塩を少々ふり、身の側にだけ玉ねぎ醤を塗り漬け置く。調理の前にひと口大に切る。

1 バットなどに粗びき黒こしょうと粉花椒をたっぷり敷き詰め、鶏肉の両面にたっぷりつける（a）。その上からさらに片栗粉を薄くつける。160℃の油で3分揚げていったん取り出し、2分休ませて、180℃に温度を上げた油で2分揚げてできあがり。

鶏肉の両面に粗びき黒こしょうと粉花椒をつけることでスパイシーな味わいに

さつまいもと鶏むね肉、れんこんのホットサラダ

ホクホク、シャキシャキ、しっとり……さまざまな食感が楽しい

材料 2人分

鶏むね肉 … 1/2枚（約150g）
玉ねぎ醤 … 大さじ1と1/2
さつまいも … 90g
れんこん … 70g
水 … 100㎖
酒 … 小さじ1
クリームチーズ … 50g
玉ねぎ醤 … 小さじ1
塩 … ひとつまみ
黒こしょう、パセリ … 適量

火の通りが一定になるように、
材料は重ねず並べる

作り方

基本の下ごしらえ

鶏むね肉は皮を取り、余分な水分をキッチンペーパーで拭き、ひと口大に切る。玉ねぎ醤をもみこみ漬け置く。

1 さつまいもは皮付きで食べやすい大きさの乱切りに、れんこんは皮を剥きさつまいもと同じくらいの大きさの乱切りにする。

2 フライパンにオーブンシートを敷き、鶏肉、さつまいも、れんこんを重ならないように並べ、水と酒を加え中火にかける。蒸気が出てから6分程度蒸し(a)、材料に火を通す。

3 ボウルにクリームチーズ、玉ねぎ醤、塩、黒こしょうを混ぜておき、蒸し上がった**2**の水気を切り、熱いうちに加えよく絡ませる。器に盛りみじん切りにしたパセリをふって、できあがり。

ぶどうと鶏もも肉、ごぼうのバルサミコ風味

秋の食材がバルサミコの豊かな風味でご馳走に

材料 2人分

鶏もも肉 … 1枚（約300g）
玉ねぎ醤 … 大さじ3
ぶどう（皮ごと食べられるもの）
　… 80g
ごぼう … 45g
れんこん … 50g
まいたけ … 40g
オリーブオイル … 小さじ1
A バルサミコ酢 … 大さじ2
　醤 … 大さじ2
　はちみつ … 小さじ1
　白ワイン … 50㎖

それぞれの食材から旨味と香り
を引き出す

作り方

基本の下ごしらえ

鶏もも肉は皮を取り、余分な水分をキッチンペーパーで拭き、ひと口大に切る。両面に玉ねぎ醤をもみこみ漬け置く。

1 ごぼうは縦半分にし4㎝の長さに、れんこんはひと口大、まいたけは食べやすい大きさに手で割いておく。

2 フライパンにオリーブオイルを熱し、鶏肉を焼く。肉にあらかた火が通ったら、ぶどう、ごぼう、れんこん、まいたけを加えさらに炒める(a)。

3 食材に火が通ったら**A**を加えて全体によく絡ませるように混ぜながら炒めて、できあがり。

れんこんと里いも、下仁田ねぎの鶏むねみそグラタン

冬野菜の優しい甘味とコクが
引き立つ、和洋折衷メニュー

材料 2人分

鶏むね肉 … 140g
玉ねぎ醤
… 大さじ1と1/2
れんこん … 70g
里いも … 1個
下仁田ねぎ … 1/2本
水 … 100mℓ
白みそ … 小さじ2
オリーブオイル … 大さじ1
豆乳 … 100mℓ
塩 … 小さじ1
水溶き片栗粉 … 適量
（大さじ1の片栗粉を大さじ2の水で溶いたもの）
シュレッドチーズ … 適量

作り方

基本の下ごしらえ

鶏肉は皮を取り、余分な水分をキッチンペーパーで拭く。両面に玉ねぎ醤を塗り漬け置く。

1 漬けた鶏むね肉は、調理前に小さめのひと口大に切り、れんこんは1cm幅のいちょう切り、里いもは1cm幅の輪切り、ねぎは1.5cmの斜め切りにする。

2 鍋にオリーブオイルを熱し中弱火でねぎを炒める。しんなりしてきたられんこん、鶏肉を加えて炒め表面の色が変わったら水と白みそ、里いもを加えて蓋をする。

3 4～5分経って里いもがやわらかくなったら豆乳と塩を加えひと煮立ちしたら、水溶き片栗粉を少しずつ加えていき(a)、お好みのとろみ具合にする(b)。

4 グラタン皿に移しシュレッドチーズを乗せてトースターまたは300℃に予熱したオーブンで焼き色をつけてできあがり。

水溶き片栗粉を加えてとろみを出す

少し混ぜて、とろみ具合をチェック

白菜と鶏もも肉のポトフ

玉ねぎ醤がしみこんだ具材に
ほっこりあったまる

材料 2人分

鶏もも肉 … 1枚(約300g)
玉ねぎ醤 … 大さじ3
オリーブオイル … 大さじ1
じゃがいも … 1個
白菜 … 1枚
にんじん … 1/4本
玉ねぎ … 1/2個
にんにく … 1かけ
芽キャベツ … 4個
白ワイン … 100mℓ
玉ねぎ醤 … 大さじ3
水 … 500mℓ
ローリエ … 1枚
塩 … 小さじ1/2～

作り方

基本の下ごしらえ

鶏肉は余分な水分をキッチンペーパーで拭き、大きめのひと口大に切る。玉ねぎ醤をもみこみ漬け置く。

1 野菜は大きめのひと口大に、芽キャベツの大きいものは縦半分に切る。にんにくはみじん切りにする。

2 鍋にオリーブオイルを熱し、中火で玉ねぎ、にんじん、じゃがいもを炒め全体に油が回ったらにんにくと鶏肉を加えてさらに炒める。

3 白菜を加え白ワイン、玉ねぎ醤を加えて(a)ひと混ぜし蓋をして10分ほど中弱火で蒸し煮にする。途中蓋を開けて何度か混ぜる。

4 食材に火が通ったら水とローリエを加えて10分煮る。

5 塩で味を調整し芽キャベツを加えたら火を止め、余熱で火を通す。

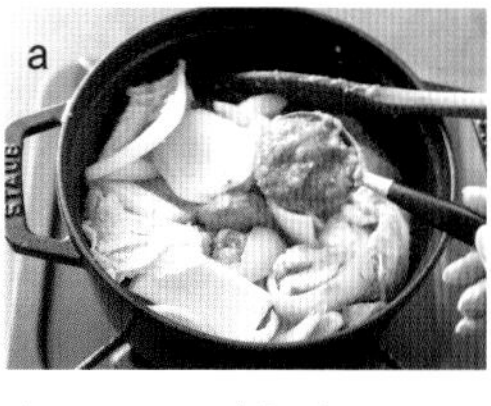

味つけの玉ねぎ醤を加える

旨味がしっかり出て料理のアクセントになる

ひき肉×醤

材料 目安

豚ひき肉 … 100g
醤 … 大さじ1

ひき肉を使ったお料理は、ひき肉自体にしっかりと味をつけておくと味がぼやけず風味も豊かに。使い勝手のいいしょうゆベースの醤で旨味と下味をしっかりつけると同時に、食べたときに醤の大豆が良いアクセントになるので大好きな組み合わせです。意外と脂身の多いひき肉ですが、醤の分解酵素のおかげでさっぱり食べられます。

基本の下ごしらえ

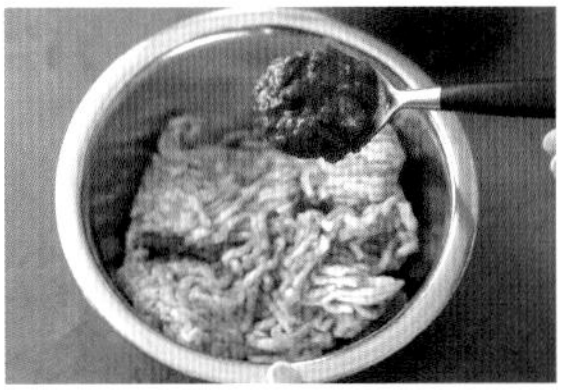

❶ ボウルにひき肉を入れて、醤を加える。

❷ 醤がまんべんなく行き渡るようによく混ぜる。

❸ ラップをして冷蔵庫で30分〜二晩漬け置きする。（冷凍庫でストック可、解凍時は冷蔵庫で）

しいたけの醤ひき肉詰め オーブン焼き

見た目も愛らしく、お弁当にもおすすめ

材料 2人分

豚ひき肉 … 100g
醤 … 大さじ1
しいたけ … 4つ
ピーマン … 1個
みょうが … 2本
岩塩、黒こしょう … 適量

少しずつタネを入れて成形していく

作り方

基本の下ごしらえ

ひき肉は醤をよく混ぜて漬け置く。

1 しいたけは軸とかさに分け、軸の先の硬い部分だけ切り落とし、残りはみじん切りにする。ピーマン、みょうがもみじん切りにする。

2 ひき肉にみじん切りにした野菜を全て入れてひとつまみの塩（分量外）と一緒に粘り気が出るまでよくこねる。

3 **2**を4等分にし、しいたけのかさに詰め（a）、160℃に予熱したオーブンで16～18分焼く。皿に乗せ岩塩、黒こしょうをふってできあがり。

MEMO
フライパンにクッキングシートを敷き、しいたけを乗せて蓋をし、5～7分中火で蒸し焼きにしてもOK。

クレソンと醤ひき肉の納豆生春巻き

納豆好きに喜ばれる、さわやかな一品

材料 4本分

豚ひき肉 … 100g
醤 … 大さじ1
納豆 … 30g
クレソン … 6本
赤パプリカ … 1/4個
サニーレタス … 3枚
海苔 … 全型1枚
スライスチーズ … 2枚
生春巻きの皮 … 4枚
ごま油 … 小さじ1
にんにく … 1かけ
醤 … 大さじ1
米酢 … 小さじ1

[ソース]
プレーンヨーグルト … 大さじ2
玉ねぎ醤 … 小さじ2
白こしょう … 少々

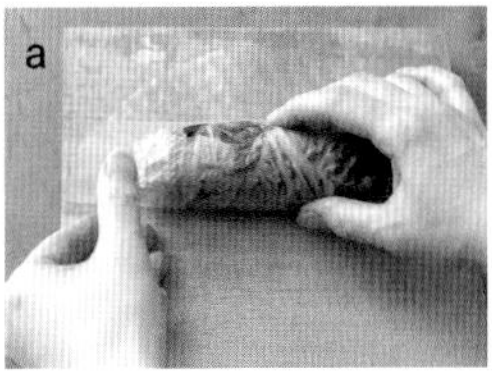

具材を引きこむように巻く

作り方

基本の下ごしらえ

ひき肉は醤をよく混ぜて漬け置く。

1 クレソンは7㎝長さに切り、赤パプリカは縦1㎝幅の短冊切りにする。7㎝以上の長さがある場合は真ん中で切る。にんにくはみじん切りにする。海苔は4等分に、スライスチーズは半分に切る。サニーレタスはちぎる。

2 フライパンにごま油とにんにくを弱火にかけ、香りが出てきたらひき肉を炒め色が変わったら納豆を加え、醤、米酢を加えてさらに炒める。調味料が全体に行き渡ったらボウルにいったん取り出し粗熱を取る。

3 フライパンなどに水(分量外)を張り、生春巻きの皮を1枚ずつ戻す。

4 生春巻きの皮の中央部にサニーレタス、海苔、サニーレタス、スライスチーズの順に重ねクレソン、**2**のひき肉納豆、赤パプリカを適量ずつのせ、両端を折り、くるくると巻いていく(a)。真ん中で半分に切り、お好みでソースにつけていただく。

醤ひき肉の麻婆豆腐

定番メニューも醤が
コクと旨味を引き出す

材料 2人分

豚ひき肉 … 150g
醤 … 大さじ1
絹豆腐 … 1丁
ごま油 … 大さじ1
にんにく、しょうが … 各1かけ
長ねぎ … 1/2本
豆板醤 … 小さじ1と1/2
A 本みりん … 大さじ1
　みそ … 大さじ1/2
　甘酒 … 大さじ1
　（もしくは甜麺醤）
B 水 … 200㎖
　玉ねぎ醤 … 大さじ1/2
　しょうゆ … 小さじ1/2
米酢 … 小さじ1/2
水溶き片栗粉 … 適量
（大さじ1の片栗粉を大さじ2の水で溶いたもの）
仕上げのごま油 … 小さじ1
実山椒 … 小さじ1～
粉花椒 … 少々

作り方

基本の下ごしらえ

ひき肉は醤をよく混ぜて漬け置く。

1 絹豆腐はキッチンペーパーで包み、調理まで水切りをしておく。にんにく、しょうが、長ねぎはみじん切りにする。

2 フライパンにごま油を熱し豚ひき肉を中火で炒め色が変わってきたらにんにく、しょうが、長ねぎを香りが立つまで炒める。

3 **A**を加えて水分が無くなるくらいまで炒めたら豆板醤を加え、さらに1分炒める。

4 **B**と2㎝角に切った豆腐を入れ（a）、中火で2～3分煮込む。酢を加え、水溶き片栗粉でお好みの固さまでとろみをつける。仕上げに香りづけのごま油と実山椒、粉花椒を回しかけ、できあがり。

a

中華風の旨味調味料なしでも旨味とコクが生まれる

鶏醤ひき肉とパクチーのアジアン和え麺

夏にぴったり！
サラダ感覚で食べられるエスニック麺

材料 2人分

鶏ひき肉 … 150g
醤 … 大さじ1と1/2
ナンプラー … 大さじ1
にんにく、しょうが
　… 各1かけ
干しえび … 小さじ2
熱湯 … 大さじ3
A ナンプラー … 大さじ1
　レモン汁 … 大さじ1
　醤 … 小さじ1
　塩麹 … 小さじ1
紫玉ねぎ … 1/4個
ミニトマト … 8個
パクチー … 1/2把
ピーナッツ … 20g
中華生麺 … 240g～
米油 … 小さじ1

作り方

基本の下ごしらえ

ひき肉は醤をよく混ぜて漬け置く。

1 干しえびと熱湯をボウルに入れてえびを戻しておく。

2 にんにく、しょうがはみじん切りにする。紫玉ねぎは粗みじん切りにして10分程水にさらし水気を切る。ミニトマトは半分に、パクチーは3～4cm長さに、ピーナッツは粗みじん切りにする。中華麺は表示通りにゆでて冷水で締め、よく水気を切る。

3 **1**の干しえびのボウルに**A**を混ぜてタレを作る。フライパンに米油を熱し鶏ひき肉を炒める(a)。色が変わってきたらにんにく、しょうがを炒め、ナンプラーで味つける。炒めた鶏肉はたれに加えて置いておく。

4 皿に中華麺を盛り、紫玉ねぎ、ミニトマト、パクチー、ピーナッツ、**3**の鶏肉を盛り付けてできあがり。

鶏ひき肉が焦げないように混ぜて炒める

なすと醤ひき肉、大根のみそあんかけ

なすがとろ～り
甘辛のおかずでご飯がすすむ

材料 2人分

豚ひき肉 … 150g
醤 … 大さじ1と1/2
なす … 1本
大根 … 100g
A 水 … 200mℓ
　玉ねぎ醤 … 小さじ1
　醤 … 大さじ1と1/2
　しょうがすりおろし
　　… 1かけ分
水溶き片栗粉 … 適量
（大さじ1の片栗粉を大さじ2の水で溶いたもの）
米油 … 大さじ1

作り方

基本の下ごしらえ

ひき肉は醤をよく混ぜて漬け置く。

1. なすと大根は同じくらいの大きさのひょうしぎ切りにする。フライパンに米油を熱し、なすにしっかり油を回してしっとり炒める。いったんボウルに取り、追加でフライパンに米油適量（分量外）を熱し、ひき肉を炒め大根も加えて炒める。
2. 大根に火が通ったらなすを戻し入れ、**A**を加えて調味料が全体に行き渡ったら（a）、水溶き片栗粉でお好みのとろみ具合にしてできあがり。

玉ねぎ醤を入れてコクを出す

きのこと醤牛ひき肉のミートドリア

きのことトマトの旨味がマッチする
簡単濃厚なひと皿

材料 2人分

牛ひき肉 … 200g
醤 … 大さじ2
玉ねぎ … 1/2個
しめじ … 40g
えのきだけ … 40g
ホールトマト缶
　… 1/2缶（200g）
醤 … 大さじ1
玉ねぎ醤 … 大さじ1
甘酒 … 大さじ1
ご飯、シュレッドチーズ
　… 適量

作り方

基本の下ごしらえ

ひき肉は醤をよく混ぜて漬け置く。

1 玉ねぎはみじん切りにし、しめじはほぐし、えのきだけは石突きを取り2cmの長さに切る。

2 フライパンに少量の米油（分量外）を熱し、玉ねぎ、しめじ、えのきだけをひとつまみの塩（分量外）でしっとりするまで炒め、ひき肉を加えて色が変わるまで炒める。ホールトマトを加えて木べらで潰しながらよく混ぜ、醤、玉ねぎ醤、甘酒を加えて（a）10分煮こむ。

3 耐熱皿にご飯をよそい、**2**のミートソースをたっぷりかけシュレッドチーズをかける。オーブンやオーブントースターでチーズの表面に焦げ目がついたらできあがり。

牛ひき肉はほぐしながら、他の材料と炒める

醤牛ひき肉の煮込みハンバーグ

ホールトマトと醤で濃厚なソースができあがり

冷蔵で3日 作り置き可

材料 2人分

牛ひき肉 … 200g
醤 … 大さじ2
玉ねぎ … 1/2個
卵 … 1個
パン粉 … 大さじ2
マッシュルーム … 4個
ホールトマト缶 … 1缶（400g）
赤ワイン … 100㎖
みそ … 小さじ2
玉ねぎ醤 … 小さじ1
甘酒 … 大さじ2
バター … 5g

玉ねぎ醤や甘酒でさらに旨味がアップする

作り方

基本の下ごしらえ

ひき肉は醤をよく混ぜて漬け置く。

1 玉ねぎはみじん切り、マッシュルームは2㎜の薄切りにする。

2 ボウルにひき肉、玉ねぎ、卵、パン粉を入れて粘り気が出るまでよく混ぜる。2等分にし、空気を抜いて成形しバットなどに入れて冷蔵庫へ入れる。

3 鍋にホールトマト、赤ワイン、みそ、玉ねぎ醤、甘酒を入れて中火にかけ（a）、トマトを潰しながらよく混ぜ煮る。フライパンに少量の米油を（分量外）ひき**2**を焼く。後で煮込むので8割くらいの火入れ加減で良い。裏表焼き、蓋をして蒸し焼きにする。

4 **3**の鍋にハンバーグ、マッシュルームの薄切り、バター加えて蓋をする。15分ほど弱火で煮こんで、できあがり。

醤ひき肉のロールキャベツ

お肉と野菜の旨味がスープに溶け出す優しい味わい

材料 2人分

豚ひき肉 … 200g
醤 … 大さじ2
玉ねぎ … 1/4個
にんじん … 1/4本
キャベツ … 4枚
A 水 … 500㎖
玉ねぎ醤 … 大さじ3
ミニトマト … 6個
ローリエ … 1枚

作り方

基本の下ごしらえ

ひき肉は醤をよく混ぜて漬け置く。

1 キャベツは外側に近い大きめの葉を使い、芯の部分を削ぐ。沸騰したお湯で1分ほどゆでて、ザルにとっておく。玉ねぎ、にんじん、削いだキャベツの芯はみじん切りにする。

2 ボウルに豚ひき肉とみじん切りにした野菜、ひとつまみの塩（分量外）を入れ粘り気が出るまでよくこねる。4等分にし、俵型にしたら(a)ゆでたキャベツで巻き、巻き終わりをつまようじで留める。

3 深鍋（出来ればロールキャベツ4つがちょうど入るくらいの直径）に**A**を入れて煮立たせ、**2**のロールキャベツを入れて30分蓋をして煮る。ロールキャベツが全てスープに被らないようであれば途中15分で裏表を返す。スープごと器に盛ってできあがり。

巻きやすいように俵型に作る

毎日飲みたい 私をいたわる 甘酒ドリンク

ホット 発酵豆乳甘酒

寒い季節もほっこりあったか！
たんぱく質もしっかり摂れる

材料 2人分

発酵豆乳甘酒（下記）… **大さじ6**
お湯 … 300mℓ〜

作り方

1 発酵豆乳甘酒をお湯でお好みの濃さに割る。

発酵豆乳甘酒 作りやすい分量

乾燥米麹 … 300g
無調製豆乳 … 500mℓ

甘酒の作り方（P.13参照）でお湯を豆乳に変えて発酵豆乳甘酒を作る。

スパイス甘酒のチャイ風

甘酒としょうがのパワーで
冷え知らずに

材料 2人分

甘酒 … **大さじ4**
オーツミルク … 300mℓ
（または牛乳やその他の植物性ミルク）
しょうがのすりおろし … 小さじ1
（またはジンジャーパウダー … 少々）
シナモンパウダー … 少々
あればクローブパウダー … 少々

作り方

1 ミルクパンに材料を全て入れて温める。

黒麹甘酒のラッシー

黒麹のクエン酸で
疲労回復にぴったり

材料 2人分

黒麹甘酒(下記) … **大さじ6**
牛乳(または豆乳やその他の植物性ミルク)
… 200mℓ

作り方

1 黒麹甘酒を牛乳などで割る。

黒麹甘酒 作りやすい分量

黒麹 … 300g
水 … 500mℓ

甘酒の作り方(P.13参照)で乾燥米麹を黒麹に変えて甘酒を作る。

本書で使用した黒麹(みやもと糀店)。泡盛や焼酎作りに使われてきた。

レモンカルダモンのスパークリング甘酒

夏におすすめ
さわやか甘酒アレンジドリンク

材料 2人分

甘酒 … **大さじ6**
レモン汁 … 小さじ2
カルダモンパウダー … 少々
炭酸水 … 200mℓ
レモンの輪切り … 2枚(飾り用)
氷 … 適量

作り方

1 グラスに氷、甘酒、レモン汁、カルダモンパウダーを入れてよく混ぜる。

2 炭酸水を加えてサッと混ぜたらできあがり。グラスの縁にレモンの輪切りを飾る。

旨味と甘味がしみこむリッチな味わい

牛肉×甘酒しょうゆ

材料 目安

牛肉 … 200g
甘酒 … 大さじ2
しょうゆ … 小さじ1

基本の下ごしらえ

❶ ボウルに牛肉を入れて、甘酒大さじ2としょうゆ小さじ1を加える。

❷ 菜箸などでよく混ぜる。

❸ 保存袋などに入れて、30分～二晩漬け置きする。(冷凍庫でストック可、解凍時は冷蔵庫で)

旨味が強い牛肉としょうゆは相性抜群。ほんのり優しい甘味の甘酒をプラスして、お子様も好きな下味になります。甘酒を漬けこみに使うと「意外」と驚かれますが、甘酒の酵素もしっかりお肉をやわらかくしてくれて、お肉がワンランクアップしたような仕上がりになります。

旬の野菜と組み合わせて
絶妙な甘辛さを味わえるメニュー

新玉ねぎとスナップえんどうの牛丼

材料　2人分

牛肉 … 200g
甘酒 … 大さじ2
しょうゆ … 小さじ1
新玉ねぎ … 1/2個
スナップえんどう … 4房
しょうが搾り汁 … 1かけ分
A 水 … 200mℓ
酒 … 50mℓ
しょうゆ … 大さじ4
甘酒 … 大さじ2
ご飯 … 適量
紅しょうが … 適宜

作り方

基本の下ごしらえ
牛肉は甘酒しょうゆと混ぜ漬け置く。

1　新玉ねぎは5㎜の薄切りに、スナップえんどうは筋を取りゆでて2つに割く。

2　鍋に**A**と新玉ねぎを煮立たせ、牛肉をほぐしながら加え（a）、肉の色が変わったらアクを取る。しょうがの搾り汁を加え蓋をして、15分弱火で煮る。ご飯にかけ、スナップえんどうを盛り付けお好みで紅しょうがを乗せていただく。

a
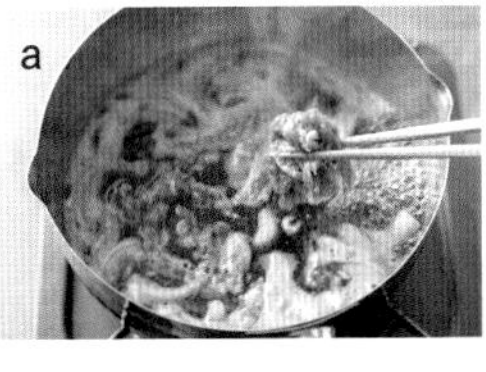
牛肉がくっつかないようにほぐしながら加える

紅しょうが

［材料と作り方］ 作りやすい量
千切りした新しょうが100gに3gの塩をもみこみ、出てきた水分を絞って容器に入れる。梅酢約180mℓを注いでひたひたにし、ひと晩～漬けてできあがり。

材料 2人分

牛肉 … 100g
甘酒 … 大さじ1
しょうゆ … 小さじ1/2
たけのこの水煮 … 70g
絹さや … 25g
卵 … 2個
甘酒 … 小さじ1
塩麹 … 小さじ1/2
塩麹 … 大さじ2（**2**の工程）
酒 … 大さじ1
白こしょう … 少々
米油 … 小さじ1

作り方

基本の下ごしらえ

牛肉は甘酒しょうゆと混ぜ漬け置く。

1 たけのこは食べやすい大きさに、絹さやは筋を取り半分に切る。卵は割りほぐし、甘酒と塩麹を混ぜておく。

2 フライパンに米油を熱々に熱し、卵を一気に入れてゴムベラでぐるぐると混ぜ、半熟状態でいったんボウルに取る。フライパンをペーパーでさっと拭き、新たに油少々（分量外）を熱し、牛肉をほぐしながら炒め、たけのこも加え火が通ったらいったん火を止める。または隣のコンロにフライパンを移し、塩麹と酒、白こしょうを加えて（a）火口に戻し、さっと混ぜる。卵と絹さやを加えて火を止め、余熱で火を通して、できあがり。

塩麹を加えて、味をととのえる

たけのこの下ゆで

［材料］ 目安

たけのこ … 1本（約400g）
水 … 適量
ぬか … 1カップ
赤唐辛子 … 1本

［作り方］

① たけのこは土をよく洗い流し、先の硬い部分（約1/5程度）を斜めに切り落とし、垂直に2㎝ほど切れ込みを入れる。

② たけのこが入る大きさの深鍋にたけのことぬか、赤唐辛子を入れ、たけのこがしっかり被る量の水を入れる。落とし蓋をして中強火にかけ、沸騰してきたら中火にし、吹きこぼれないよう気をつけながら2時間ゆでる。途中、差し水をしてたけのこが常に湯に浸かっているようにする。

③ 火を止め、ゆで汁に漬けたまま冷めるまで置いておく。冷めたら皮を剥き、ゆで汁に漬けて保存容器に入れて、冷蔵庫で保存する。
（約1週間保存可能）

たけのこと絹さやの牛肉卵炒め

相性抜群なたけのこと
牛肉はシンプルな甘辛味がぴったり

ゴーヤとセロリ、新しょうがのチャンプルー

甘酒がゴーヤの苦みをやわらかに

冷蔵で3日 作り置き可

材料 2人分

牛肉 … 150g
甘酒 … 大さじ1と1/2
しょうゆ … 小さじ1/2強
ゴーヤ … 1/2本
セロリ … 1/3本
新しょうが … 80g
厚揚げ … 100g
ごま油 … 大さじ1
かつお節 … 適量
A 塩麹 … 大さじ1
酒 … 大さじ1
甘酒 … 小さじ1

作り方

基本の下ごしらえ

牛肉は甘酒しょうゆと混ぜ漬け置く。

1 ゴーヤはワタと種を取り5㎜の半月切り、セロリは1.5㎝の斜め切り、新しょうがは皮付きのまま2～3㎜の千切りにする。厚揚げは1㎝に切る。

2 フライパンにごま油を中火で熱し、牛肉をほぐしながら炒め、ゴーヤ、セロリも加えて炒める（a）。

3 新しょうが、厚揚げを加えいったんフライパンを火から離し**A**を加えて火口に戻し、全体に調味料が行き渡るように炒めたらできあがり。かつお節をかけていただく。

牛肉はほぐしながら、他の材料と炒める

夏野菜たっぷり ビビンパ

甘酒コチュジャンがアクセント
バランスのよい一品

材料 2人分

牛肉 … 250g
甘酒 … 大さじ2と1/2
しょうゆ … 小さじ1と1/2

A コチュジャン … 小さじ2
酒 … 大さじ2
しょうゆ … 小さじ1
甘酒 … 小さじ1

ズッキーニ … 1/3本
豆もやし … 100g
赤パプリカ … 1/4 個
ゴーヤ … 1/4本
オクラ … 2本
ごま油 … 大さじ1
塩麹 … 大さじ2
白ごま、ご飯 … 適量
甘酒コチュジャン … 適宜

作り方

基本の下ごしらえ

牛肉は甘酒しょうゆと混ぜ漬け置く。

1 ズッキーニはピーラーで薄く削ぎ、赤パプリカは4㎜の薄切り、ゴーヤはワタと種を取り1㎝の半月切り、オクラはヘタを取り縦に4等分する。鍋に湯を沸かし、野菜を全て入れて1分ゆで、ザルに上げる。粗熱が取れたら水気を絞りボウルに入れ、ごま油、塩麹でよく和えてナムルにし白ごまをふる。

2 鍋に牛肉と**A**を入れて中火でほぐしながら火を通し、味つける。器にご飯を盛り、**1**と牛肉を乗せ白ごまをかけてできあがり。

甘酒コチュジャン

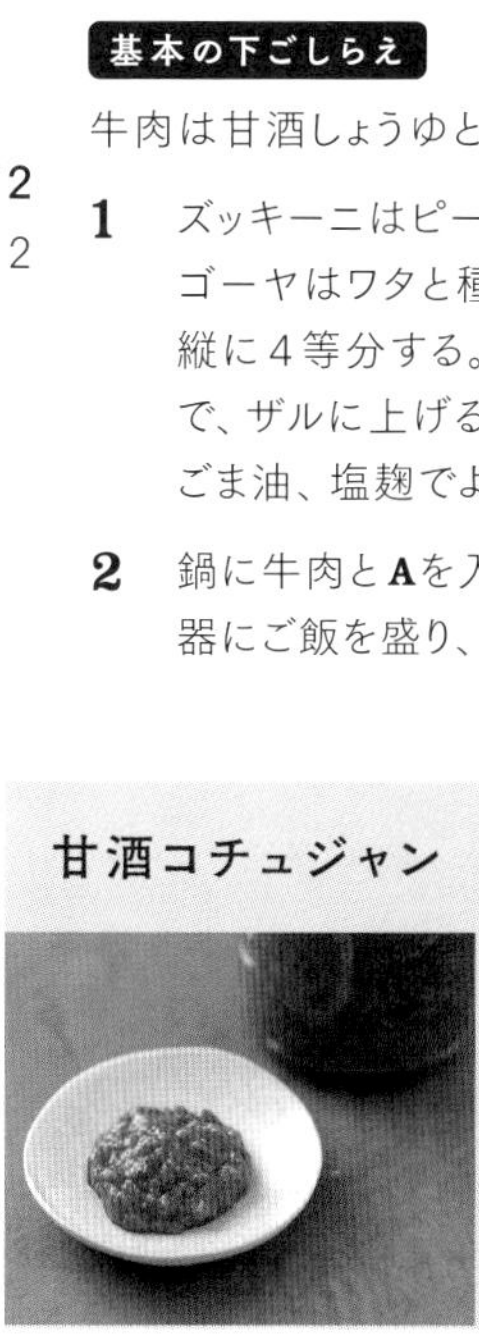

[材料と作り方] 作りやすい分量

甘酒80g、粉唐辛子（韓国唐辛子）6g、塩8g、醤8g、すりおろしにんにく小さじ1、すりおろししょうが小さじ1の全ての材料を入れてよく混ぜる。消毒した清潔な容器に入れ、冷蔵庫で保存する。（鍋で加熱処理しても良い）

冷蔵で約3週間 保存可
（加熱した場合は約2ヵ月）

肉汁とソースが合わさって
深みのある味わいに

豆乳ビーフストロガノフ

材料 2人分

牛肉 … 150g
甘酒 … 大さじ1と1/2
しょうゆ … 小さじ1/2強
小麦粉 … 大さじ1
オリーブオイル … 小さじ1
にんにく … 1かけ
玉ねぎ … 1個
ブラウンマッシュルーム
　… 4個
白ワイン … 50㎖
A 豆乳 … 200㎖
　玉ねぎ醤 … 小さじ1と1/2
　醤 … 小さじ2
塩 … 小さじ1/2～
サワークリーム（または水切りヨーグルト）
　… 大さじ2
ご飯、パセリ … 適量

作り方

基本の下ごしらえ

牛肉は甘酒しょうゆと混ぜ漬け置く。

1 にんにくはみじん切り、玉ねぎは7㎜の薄切り、ブラウンマッシュルームは石突きを取り薄切りにする。牛肉に小麦粉をまぶす。

2 フライパンにオリーブオイルとにんにくを中火で熱し、玉ねぎとブラウンマッシュルームを炒める。しんなりしてきたら牛肉を加え、ほぐしながら色が変わるまで炒める。

3 白ワインを加えサッと混ぜたら蓋をし、1分ほど煮る。**A**を加えて(a)中弱火で3分煮る。味見をして塩で味をととのえる。皿にみじん切りのパセリを混ぜたご飯とビーフストロガノフを盛り、サワークリームを乗せてできあがり。途中崩しながらいただく。

蓋をして1分ほど煮た後、**A**を加える

ごぼうとセロリ、牛肉の香り春巻き

セロリの香りとごぼうの食感が楽しめる春巻き

材料 4本分

- **牛肉 … 150g**
- **甘酒 … 大さじ1と1/2**
- **しょうゆ … 小さじ1/2強**
- セロリ … 1/2本（50g）
- ごぼう … 1/3本（30g）
- ごま油 … 小さじ1
- にんにく … 1/2かけ
- 酒 … 大さじ1
- 玉ねぎ醤 … 小さじ1
- 醤 … 大さじ1
- 粉山椒 … 小さじ1
- 春巻きの皮 … 4枚
- 小麦粉 … 小さじ1
- 水 … 小さじ1

作り方

基本の下ごしらえ

牛肉は甘酒しょうゆと混ぜ漬け置く。

1 セロリとごぼうは縦半分に切り2㎜の千切り、にんにくはスライスして細切りにする。

2 フライパンにごま油を熱し、にんにくを入れ、ごぼうをしんなりするまで炒める。牛肉を加えてほぐし、酒、玉ねぎ醤、醤を加えて炒める。全体に調味料が行き渡りよく絡んだら粉山椒を加えて火を止め全体をよく混ぜる。バットに広げ、4等分にして粗熱を取る。

3 春巻きの皮に**2**を1/4量乗せ、さらにセロリの千切りを乗せて包み（a）、水で溶いた小麦粉で端を留め、170℃の油で表面をきつね色に揚げてできあがり。

セロリの千切りを上に乗せると断面がきれいに

春菊たっぷりすき煮

春菊が優しく香るコク深い甘辛味

材料　2人分

牛肉 … 200g
甘酒 … 大さじ2
しょうゆ … 小さじ1
春菊 … 1把《わ》
糸こんにゃく … 100g
焼き豆腐 … 1/2丁
長ねぎ … 1/2本
玉ねぎ … 1/2個
A 酒 … 50mℓ
　水 … 100mℓ
　しょうゆ … 50mℓ
　甘酒 … 大さじ2
温泉卵 … 2個

作り方

基本の下ごしらえ

牛肉は甘酒しょうゆと混ぜ漬け置く。

1　春菊、糸こんにゃくは食べやすい長さに切る。焼き豆腐はひと口大に、長ねぎは1.5cmの斜め切り、玉ねぎは1.5cmの半月切りにする。

2　鍋に**A**を煮立て、牛肉、春菊、糸こんにゃく、焼き豆腐、長ねぎ、玉ねぎを入れて(a)蓋をし、途中アクを取りながら6～7分煮る。温泉卵を割り入れてできあがり。

Aを煮立ててから、材料を入れる

温泉卵

[作り方]

卵は冷蔵庫から出し常温にしておく。鍋に湯を沸かし80℃になったら火を止め、卵を殻のままお玉などでそっと入れ30分放置してできあがり。

里いもの白みそゴルゴンゾーラ煮

ゴルゴンゾーラの風味と白みそのコクがクセになる

材料 2人分

牛肉 … 150g
甘酒 … 大さじ1と1/2
しょうゆ … 小さじ 1/2強
里いも … 2〜3個（250g程度）
水 … 300ml
干し柿 … 1個（45g程度）
白みそ … 大さじ2
ゴルゴンゾーラチーズ
… 10g

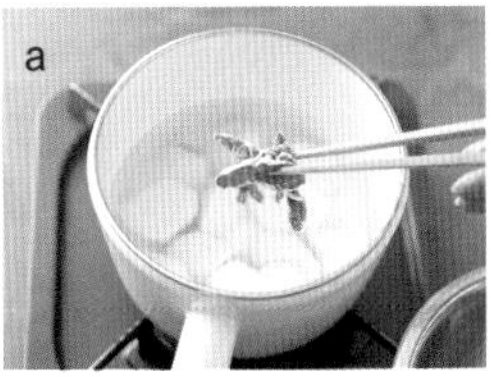

干し柿で上品な
甘味をプラス

作り方

基本の下ごしらえ

牛肉は甘酒しょうゆと混ぜ漬け置く。

1 里いもは皮を剥きひと口大に切る。干し柿はヘタを取り2mmのスライスにする。鍋に里いもと水と干し柿を入れ（a）、中火にかけ、沸騰してきたら蓋をして5分ほどやわらかくなるまで煮る。

2 中弱火にして白みそを加えてよく溶かし、牛肉をほぐしながら加え蓋をして3分煮る。

3 ゴルゴンゾーラチーズを加えて火を止め、チーズが溶けたらできあがり。

魚のにおいをとり、本来の味わいを活かす

季節の魚×発酵調味料

魚に発酵調味料を加えることで、魚の臭みをとり、旨味を引き出してくれます。焼いても身がやわらかく仕上がり、またなんといっても保存性が高くなります。発酵調味料はオーブン料理など焦げにくい調理は直接塗り、焦げやすいグリルはキッチンペーパー越しに塗るのがポイントです。

材料 目安

さけ … 2切れ
玉ねぎ醤 … 大さじ1と1/2

基本の下ごしらえ

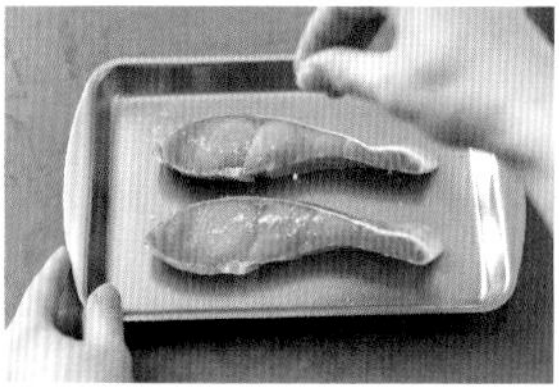

❶ 魚をバットなどに並べて軽く塩（分量外）をふる。

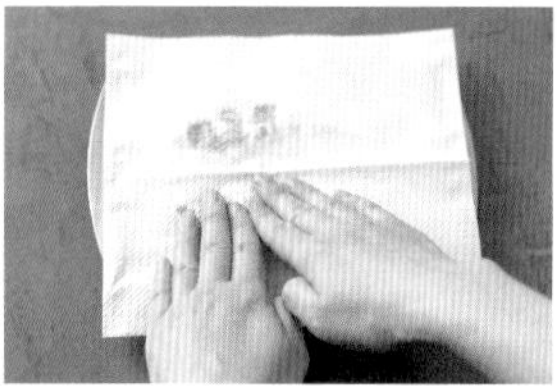

❷ キッチンペーパーで水気を切る。

❸ 玉ねぎ醤を魚の両面に塗る。

❹ バットのままか保存袋に入れて、冷蔵庫で30分～二晩漬け置きする。（冷凍庫でストック可、解凍時は冷蔵庫で）

「食材別、発酵調味料の漬け方」

いわし × 塩麹

いわしは下処理し、お腹の中に塩麹を塗り30分～ひと晩冷蔵庫で漬け置きする。

かつお × 塩麹

かつおのたたき場合

さくのまま、両面に塩麹を塗って、30分程度漬け置きする。

貝柱 × 塩麹

貝柱の両面に薄く塩麹を塗り、1時間～二晩冷蔵庫で漬け置きする。

メニューによって
発酵調味料の塗り方を
工夫する

◎魚焼きグリルなど焦げやすい料理の場合

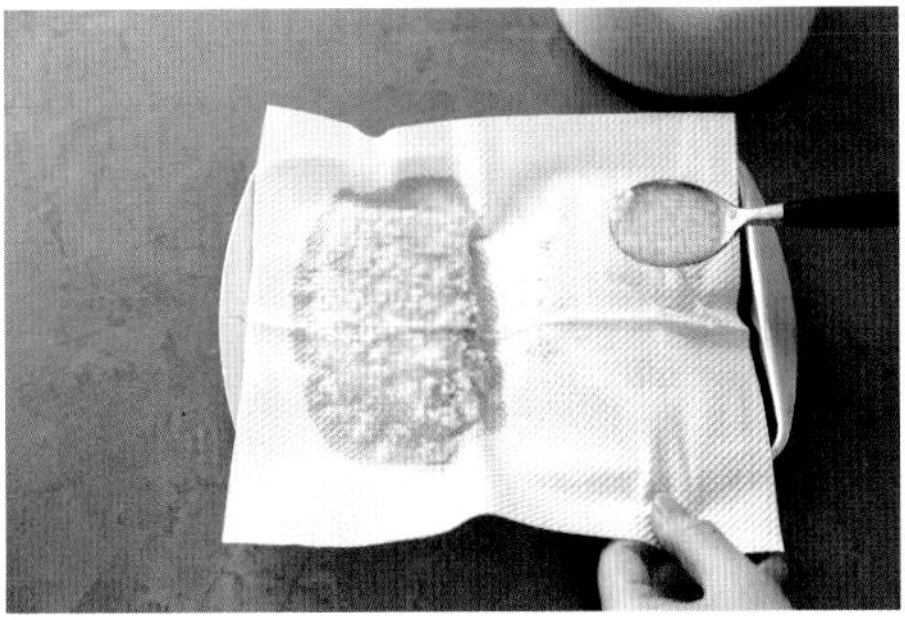

キッチンペーパー越しに塗ることで焦げにくくなるようにする。

◎オーブン料理など焦げにくい場合

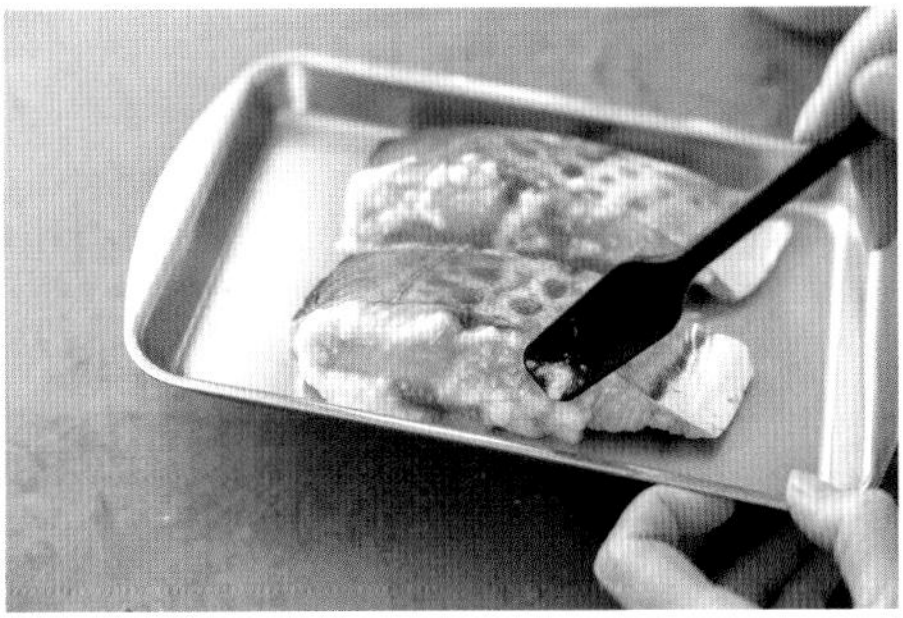

魚にそのまま塗って、漬け置きする。

さわらの甘酒みそ焼きと春野菜の醤焼き

みそ焼きの香ばしさでご飯がすすむ

材料 2人分

さわら … 2切れ
麦みそ … 大さじ2
甘酒 … 大さじ1
山うど … 40g
たけのこ … 80g
醤 … 大さじ1
米酢 … 小さじ1
オリーブオイル
　… 小さじ1
木の芽 … 適量

作り方

基本の下ごしらえ

さわらは余分な水分を拭き、麦みそに甘酒を混ぜたものを両面に塗って漬け置く。

1 山うどは根の近くは皮を剥き、食べやすい大きさに乱切りする。たけのこはアク抜きしたものを食べやすい大きさに切る。山うどとたけのこはオリーブオイルと醤、米酢を混ぜたものを全体に絡める(a)。

2 オーブンを170度に予熱し、オーブンシートにさわらと山うどとたけのこを乗せて15分前後焼く。木の芽を飾ってできあがり。

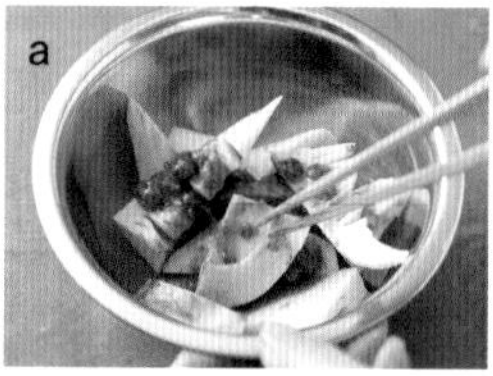

たけのこと山うどは食べやすい大きさに切り、醤などと混ぜる

甘酒蒸し鯛のクミンオイルがけ

優しい味わいの鯛をクミンの香りでいただく

材料 2人分

鯛（切り身）… 2切れ
甘酒 … 大さじ2
塩 … 少々
水 … 100㎖
酒 … 大さじ1
水菜 … 1株
クレソン … 6本
スナップえんどう … 4本
A オリーブオイル … 大さじ1
　赤唐辛子（輪切り）… 1本分
　クミンシード … 小さじ1弱
塩 … 適量

作り方

基本の下ごしらえ

鯛は両面に塩をふり、甘酒を塗って漬け置く。

1. 水菜、クレソンは5㎝長さに切り皿に平たく盛っておく。スナップえんどうは筋を取る。
2. フライパンにオーブンシートを敷き鯛を並べ、水と酒を入れて蓋をし、沸々してから約4分蒸す。後半1分で蓋を開けスナップえんどうも一緒に入れて蒸す。蒸し上がったら水菜とクレソンの上に鯛を並べ、全体に強めに塩をふり、鯛の蒸し汁を野菜と鯛の全体に回しかける。スナップえんどうは粗熱を取る。
3. フライパンの水気を拭き取って**A**を入れて中火にかけ、クミンシードが色づき弾けてきたら火を止め、鯛を中心に野菜にもオイルをかける。スナップえんどうを2つに開いて飾ったらできあがり。

塩麹かつおのカルパッチョ 梅ととんぶり、みょうがのソース

さわやかな梅の酸味広がるソースでさっぱり旨い

材料 2人分

かつおのたたき（サク）
　… **200g**
塩麹 … 大さじ1
A たたいた梅干し … 1個分
　水 … 大さじ1
　とんぶり … 大さじ1
　かつお節（細かいタイプ）
　　… ひとつまみ
みょうが … 1〜2本

作り方

基本の下ごしらえ

かつおのたたきは余分な水分をキッチンペーパーで拭き、サクのまま両面に塩麹を塗って30分程度漬け置く。食べる直前に1cm厚さに切る（a）。

1 ボウルに**A**を入れてよく混ぜる。皿にかつおを並べ、**A**を乗せみじん切りにしたみょうがをかけてできあがり。

塩麹に漬けた状態のものを切る

夏野菜とあじの切り身の塩麹アクアパッツァ

あじの切り身を使って簡単にできるおもてなし料理

材料 2人分

あじ（3枚おろし）… 4枚
塩麹 … 小さじ2
トマト … 1個
ズッキーニ … 1/2本
とうもろこし … 1/2本
あさり … 80g
にんにく … 1かけ
白ワイン … 大さじ2
レモン輪切り … 4枚

作り方

基本の下ごしらえ

あじは余分な水分を拭き、塩麹を両面に塗って漬け置く。

1 トマトはざく切り、ズッキーニは1cm厚さの輪切り、とうもろこしは包丁で実を削ぐ。にんにくはみじん切りに、あさりは砂抜きする。

2 フライパンに野菜類を敷き詰め、上にあじとレモンの輪切りを乗せてあさり、にんにく、白ワインを回しかけて蓋をする（a）。沸々してから5～7分であじに火が通りあさりが開けばできあがり。鍋のままテーブルに。

白ワインを全体に回して加える

秋さけのフライ 発酵タルタルソース

発酵調味料を使った
タルタルソースで旬の味をいただく

材料　2人分

さけ … 2切れ
玉ねぎ醤 … 大さじ1と1/2
バッター液
　薄力粉 … 50g
　水 … 75㎖を混ぜたもの
パン粉 … 適量
ヨーグルト … 大さじ2
玉ねぎ醤 … 小さじ1/2
甘酒 … 小さじ1/2
マイヤーレモン
　（またはお好みの季節の柑橘）… 1/3個

作り方

基本の下ごしらえ

さけは余分な水分を拭き、両面の身に玉ねぎ醤を塗り漬け置く。

1　マイヤーレモンは皮を剥きみじん切りにする。小さいボウルにヨーグルト、玉ねぎ醤、甘酒、マイヤーレモンを混ぜて即席タルタルソースを作る。

2　さけをバッター液にくぐらせパン粉をつけて、170度の油で揚げ、皿に盛る。タルタルソースをかけてできあがり。

玉ねぎ醤や甘酒を加えてタルタルソースができる

塩麹いわしとたっぷりレモンのオーブン焼き

簡単なのに食卓がぱっと華やぐ

材料 2人分

いわし … 4尾
塩麹 … 大さじ1
A マッシュルーム … 2個
　紫玉ねぎ … 1/4個
　エリンギ … 1本
　レモン … 1個
　塩麹 … 大さじ1
　はちみつ … 小さじ1/2
ローズマリー … 1本
にんにく … 2かけ
塩、オリーブオイル … 適量

作り方

基本の下ごしらえ

いわしは下処理し、お腹の中に塩麹を塗り30分〜ひと晩漬け置く。

1 マッシュルームは石突きを取り十字に4等分にし、紫玉ねぎは粗みじん切り、エリンギは半分の長さに切って2㎜の薄切りに、レモンはよく洗い、皮ごと2〜3㎜のいちょう切りにする。**A**をボウルに入れてよく混ぜ、耐熱皿に敷きつめる。

2 **1**の上にいわしを乗せローズマリーの葉をはさみで1㎝程度にカットして全体にかけ(a)、薄くスライスしたにんにく、塩、オリーブオイルをかけて250℃に予熱したオーブンで13〜15分焦げないように焼いてできあがり。

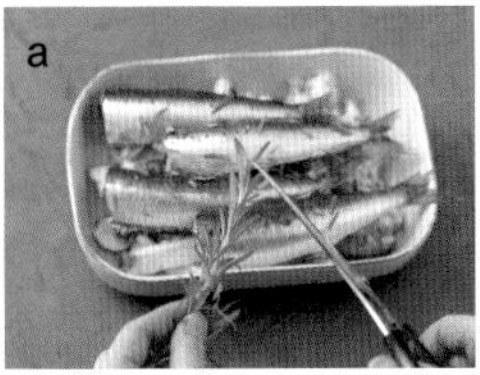

ローズマリーは包丁でも良いが葉をはさみで切ると手間が少ない

甘酒めかじきの
エシャレット金柑バターソテー

自宅で簡単フレンチ気分
本格派の味が楽しめる

材料 2人分

めかじき … 2切れ
甘酒 … 大さじ2
塩 … 適量
バター … 20g
金柑 … 4個
エシャレット … 4本

作り方

基本の下ごしらえ

めかじきは余分な水分を拭き取った後、両面に塩をふり、甘酒を塗って漬け置く。

1 金柑は種を取り粗みじん切りに、エシャレットはみじん切りにする。

2 フライパンにバター10gを中火で溶かしめかじきを両面焼く。8割ほど火が通ったら金柑を加え残りのバターを加えてソテーしソースも同時に作っていく(a)。

3 めかじきに火が通ったら皿に乗せ、エシャレットのみじん切りを乗せた上から金柑のソースをかけてできあがり。

a
めかじきはフライパンの奥におき、手前でソースを作る

塩麹貝柱とかぶのゆずこしょうクリームソース

貝柱とクリームソースは相性抜群！
ワインに合わせるのが気分

材料 2人分

刺身用貝柱
… 8粒（100g程度）
塩麹 … 小さじ1弱
かぶ … 1個
オリーブオイル … 大さじ1
バター … 5g
牛乳 … 50㎖
玉ねぎ醤 … 小さじ1
ゆずこしょう … 小さじ1/3～

作り方

基本の下ごしらえ

貝柱は余分な水分を拭き取った後、両面に薄く塩麹を塗り漬け置く。

1 かぶはよく洗い、皮ごと8等分のくし切りにする。

2 フライパンにオリーブオイルを熱し、かぶを並べてあまり触らず両面に焼き色を付ける（a）。貝柱を加え表面の色が変わる程度にサッと焼いたらバター、牛乳、玉ねぎ醤を加えてよく混ぜ、バターが溶けたらゆずこしょうを加えて、全体にソースをよく絡ませたらできあがり。

かぶは中をジューシーに仕上げるため、あまり触らず焼く

甘酒と生はちみつで作る ローチョコレート

ラム酒がほのかに香る
大人のチョコレート

材料 約12個分

ココナッツオイル（無臭タイプ）… 50g
無糖ココアパウダー … 20g
甘酒 … 10g
生はちみつ（またはメープルシロップ）… 30g
ラム酒 … 少々

作り方

1 ココナッツオイルは固まっていれば湯せんなどで溶かしておく。材料を全てボウルに入れてよく混ぜる。

2 1cmほどの厚さになるような深さの手頃な型やバットにクッキングシートを敷き**1**を流し、表面を平らにする。冷蔵庫で3時間ほど冷やし固める。固まったら3cm四方に包丁で切り、分量外のココアパウダーをふりかけてできあがり。

POINT
ココナッツオイルは溶けやすいので、手で触る時間は短めにする。

砂糖の代わりに甘酒やはちみつを使う。本書では「非加熱はちみつHARUTOMI HONEY」を使用

Chapter 2

トマト塩麹、ザワークラウト、
きのこ塩麹、乳酸ピクルス

野菜の発酵ストックで作る

毎日の副菜

何かもう1品添えたいときに便利なのが、
野菜を発酵させて作る副菜。
ストックしておくと、
副菜はもちろんパスタソースや
自家製ドレッシング作りなどにも便利です。

混ぜれば完成！ 旨味たっぷりのソース

トマト塩麹

トマトと塩麹を混ぜておくだけで、勝手においしいトマトソースが完成。トマトの栄養も美味しさも丸ごと余すことなく楽しめます。夏はハンドブレンダーでなめらかにし、そのまま冷製スープとしても楽しめます。常備しておくと、パスタにソテーにといろいろ使えます。

冷蔵で約1週間 保存可

材料 作りやすい量

トマト … 200g(中1個)
塩麹 … 大さじ1

作り方

❶ トマトは洗って、さいの目切りにする。どんなトマトでもOK。

❷ 清潔な容器にトマトを入れる。

❸ 塩麹大さじ1を加えて混ぜ、冷蔵庫で保存する。半日くらい漬け置くと使える。

POINT
水気が出てくるが一緒に漬け置きしておくこと!

冷製パスタ

いつものパスタが発酵パワーで
ワンランクアップ！

材料 2人分

カッペリーニ … 200g
トマト塩麹 … 400g
塩 … 小さじ1
にんにくすりおろし … 少々
エクストラバージンオリーブオイル
　… 大さじ2
バジル … 適量

作り方

1 カッペリーニは表示通りゆでて冷水で締め、しっかり水気を切る。

2 ボウルにトマト塩麹、塩、にんにくすりおろし、オリーブオイルを入れて（a）よく混ぜ、**1**を加えてよく和える。皿に盛り手でちぎったバジルを散らして、できあがり。

エクストラバージンオイルで風味豊かに

MEMO
ツナ缶やモッツァレラチーズを加えたり、叩いた梅干しをソースに混ぜたりしてもおいしい。

冷蔵3日　作り置き可

するめいかとじゃがいものトマト塩麹煮

いかとトマトの旨味が絶品！　白ワインにも合う！

材料 2人分

するめいか（その他のいかでも）
　… 100g
じゃがいも … 2個（約200g）
オリーブオイル … 大さじ1
にんにく … 1かけ
トマト塩麹 … 200g
酒 … 小さじ1
イタリアンパセリ … 適量

作り方

1　するめいかは下処理し、胴体を輪切りに、ゲソは食べやすい大きさにカットしてボウルでトマト塩麹と酒と一緒に和えておく（a）（カットしたものや冷凍でもOK）。じゃがいもは皮を剥き、4～6等分のくし切りにする。

2　フライパンにオリーブオイルと潰したにんにくを入れて弱火にかけ、にんにくの香りが出てきたら中火にしてじゃがいもを炒める。ひとつまみの塩（分量外）をふり、あまり動かさず焼き色をつける。

3　**1**の漬け汁ごといかをフライパンに加え、全体がよく絡むように炒めて皿に盛りイタリアンパセリを散らしてできあがり。

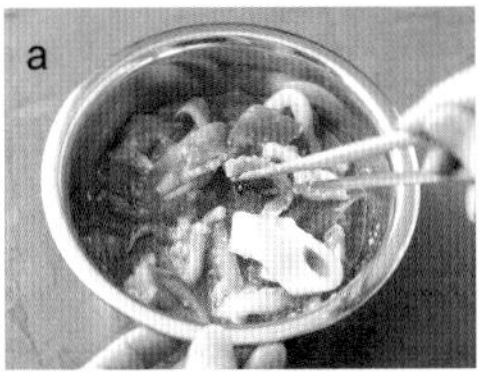
a

いかをトマト塩麹で和える

MEMO
いかを入れてからは短時間で仕上げるのがポイント。

ブルスケッタ

シンプルさのなかに
トマトとタイムの旨味広がる

材料 2人分

スライスしたバゲット … 4枚
トマト塩麹 … 大さじ4〜5
エクストラバージンオリーブオイル … 適量
にんにく塩麹（P.108参照）… 小さじ1（またはにんにく1/2かけ）
タイム … 適量

作り方

1 バゲットは軽くトーストし、オリーブオイルとにんにく塩麹を薄く塗る。

2 トマト塩麹を乗せタイムを散らしてできあがり。

MEMO
にんにく塩麹がなければにんにくの断面をバゲットに塗ってもOK。

豚ロース肉のソテー トマト塩麹のソース

トマトの彩りで食卓が華やぐ！
簡単おもてなしメニュー

材料 2人分

豚ロース肉 … 2枚
塩こしょう … 少々
オリーブオイル … 大さじ1
にんにく … 1かけ
ローズマリー … 2本
トマト塩麹（漬け汁ごと）… **大さじ4**

作り方

1 豚ロース肉は両面に塩こしょうする。ローズマリーは洗って水気を拭いておく。フライパンにオリーブオイルと潰したにんにく、ローズマリーを入れて弱火にかける。香りが出てきたら中火にして豚肉を焼く（a）。

2 豚肉を両面焼いたら皿に取り、ローズマリーとにんにくはフライパンに残したまま余計な油をペーパーで拭き取る。

3 トマト塩麹を加えひとつまみの塩（分量外）を加えて沸々とさせる。

4 **3**を豚肉にかけてできあがり。にんにくは取り除き、ローズマリーは飾りに使う。

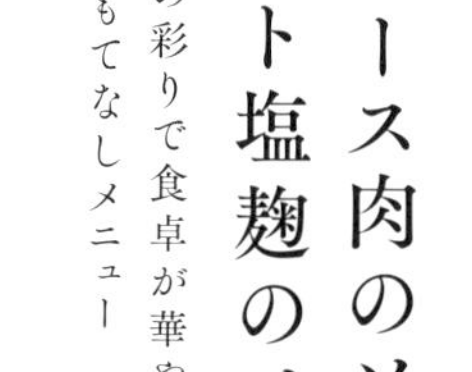

焦がさないように中火で焼く

そのままサラダに、肉料理に使えて食物繊維たっぷり

ザワークラウト

塩を加えただけなのに、酸味、旨味が生まれていつも感動するザワークラウト。億を超える豊富な植物性乳酸菌と食物繊維でお腹の調子を整えたいときにもおすすめです。スープにしてもひき肉と合わせて餃子のあんにしてもおいしいですよ。もちろんこのままサラダにして食べてもOK！

冷蔵で約3ヵ月 保存可

材料 作りやすい量

キャベツ … 400g
塩 … 8g（キャベツの重量の2％）

作り方

❶ キャベツは千切りにし大きめのボウルに入れる。

❷ 塩を全体にまぶして数分置いて両手でしっかりもみこむように混ぜ、キャベツからしっかり水分を出す。

❸ チャック付き保存袋に汁ごとキャベツを移し、空気を抜いて閉める。直射日光の当たらない常温に置き、数日経って酸っぱい香りがしてきたらできあがり。冷蔵庫に入れて保存する。

POINT
保存袋に入れる時はしっかり空気を抜いてしっかり乳酸発酵させましょう。

ザワークラウトとりんごのホットサンド

ザワークラウトの塩味とはちみつの甘さがやみつきに！

材料　1人分

食パン … 2枚（6～8枚切り）
バター … 10g
ザワークラウト … 25g
りんご … 1/4個
スライスチーズ … 1枚
はちみつ … 少々

作り方

1　ホットサンドメーカーを予熱し、食パン2枚ともにバターを塗る。りんごはよく洗って皮ごと1.5㎜にスライスする。

2　食パンにスライスチーズ、ザワークラウト、りんごのスライス、はちみつを乗せ（a）、もう1枚のパンを乗せてホットサンドメーカーで挟む。焼けたらできあがり。

※フライパンで焼く場合：パンの上にバットなどの平らなものをのせて押さえつけ、両面に焼き色がつくまで焼く。半分に切ってできあがり。

a
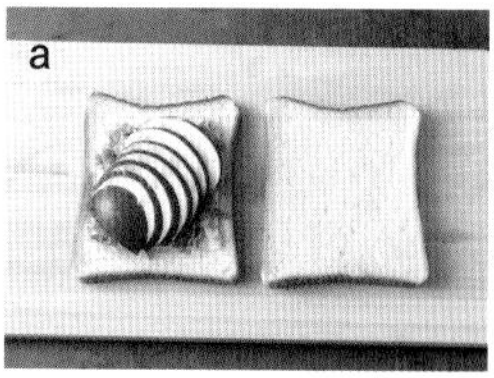

りんごのスライスはきれいに並べると断面も整う

とろけるトマトと切干大根の炒め物

食感も楽しめる食物繊維たっぷりレシピ

材料 2人分

切干大根 … 15g
ザワークラウト … 60g
トマト … 1個
オリーブオイル … 大さじ1
しょうゆ … 小さじ2

作り方

1. 切干大根はサッと水で戻し、水気を絞る。トマトはざく切りにする。
2. フライパンにオリーブオイルを熱しトマトを炒め、ひとつまみの塩（分量外）をして、水気が出るまで炒める（a）。
3. トマトの形が少し崩れて水気が出てきたら、切干大根とザワークラウトを加えて炒め、しょうゆで味つけしてできあがり。

崩れたトマトを全体に絡めるように炒める

さば缶とザワークラウトの揚げないコロッケ

ホクホクとシャキシャキが同時に楽しめる和コロッケ

材料 2人分

じゃがいも（男爵）… 3個
玉ねぎ … 1/2個
さばの水煮
　… 1/2缶（100g）
ザワークラウト … 40g
オリーブオイル … 大さじ1
玉ねぎ醤 … 大さじ1
パン粉 … 適量
ソース、しょうゆ … 適宜

作り方

1 じゃがいもはゆでるか蒸して潰す。玉ねぎは粗みじん切りにする。

2 フライパンにオリーブオイルを熱し、中火で玉ねぎを炒める。しんなりしてきたらさばの水煮の水気を切って入れ、ほぐしながら炒める。玉ねぎ醤とザワークラウトを加えてさらに炒める（a）。

3 潰したじゃがいもに**2**を加えて全体をよく混ぜたら耐熱皿に入れ、表面にパン粉をふって焼き色がつくまでトースターで焼いてできあがり。お好みでソースやしょうゆをかけていただく。

玉ねぎ醤を加えることで味に深みをプラス

ザワークラウトと柑《かん》橘《きつ》のサラダ

柑橘類の甘味とザワークラウトの
塩味で爽やかな味わいに

材料 2人分

ザワークラウト … 70g
お好みの柑橘
（ここではネーブルオレンジを使用）
… 1/2個
ラディッシュ … 1個
エクストラバージン
オリーブオイル … 適量

作り方

1 柑橘は皮を剥き、5〜6等分のくし切りにして食べやすい大きさに切る。ラディッシュは2㎜の薄切りにする。

2 ボウルにザワークラウト、柑橘、ラディッシュを入れてよく混ぜ（a）皿に盛って、オリーブオイルを回しかけてできあがり。

a

材料をよく混ぜ味を均一にする

漬けたら翌日使える！　きのこの旨味がぎっしり詰まった万能保存食

きのこ塩麹

旨味が豊富なきのこを塩麹に漬けることで、さらに旨味の相乗効果！　かみ締めるほどに旨味と香りがあふれます。炒め物にちょっと加えるだけでもグンとおいしくなります。きのこスープや野菜を和えてナムルなど、ちょっとした一品に重宝します。

冷蔵で約1ヵ月 保存可

材料 作りやすい量

お好みのきのこ類 … 300g
塩麹 … 100g

作り方

❶ きのこ類を食べやすい大きさに切る。きのこはなんでもOK 。

❷ 沸騰した湯で❶のきのこを1分ゆで、ザルに上げて水気を切る。旨味が逃げるのでゆですぎない。

❸ 粗熱が取れたら清潔な容器にうつし、塩麹と混ぜて冷蔵庫で漬ける。翌日から食べられる。

MEMO
保存袋に入れてもOK。塩麹をもみこみ、冷蔵庫で漬ける。

きのこご飯

きのこ塩麹を加えて簡単にできる、
香り高いアレンジご飯

材料 2人分

お米 … 1合
きのこ塩麹 … 100g
水 … 180㎖

作り方

1 米を洗い浸水し、通常の水加減にきのこ塩麹を加えて炊飯する。

きのこスープ

優しい塩味のきのこ塩麹で
ほっこりした味わいに

材料 2人分

水 … 400㎖
きのこ塩麹 … 150g
ごま油 … 少々
青ねぎ … 少々

作り方

1 鍋に水ときのこ塩麹を入れて数分沸かす。

2 ごま油を加えて（a）できあがり。青ねぎを散らしていただく。

ごま油が入ると一気に香り豊かなスープに

冷蔵で3日 作り置き可

ほうれん草ときのこ塩麹のナムル

ゆでて混ぜるだけ！
無限に食べられるおいしい副菜

材料 2人分

ほうれん草 … 80g
きのこ塩麹 … 60g
ごま油 … 小さじ1
塩 … ひとつまみ

作り方

1 ほうれん草はゆでて水気を絞り、食べやすい長さに切る。

2 ほうれん草、きのこ塩麹、ごま油、塩を全て混ぜて(a)できあがり。

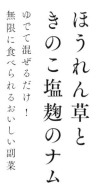

和えるだけで味が決まる

アヒージョ

きのこ塩麹とにんにく風味のオリーブオイルが絶妙

材料 2人分

きのこ塩麹 … 120g
エクストラバージン
　オリーブオイル … 100㎖
にんにく… 1かけ
赤唐辛子 … 1本
バゲット… 適量

作り方

1 耐熱皿にきのこ塩麹、潰したにんにく、種を取った赤唐辛子、オリーブオイルを入れて(a)中火にかける。

2 沸々してきたら3分ほど煮て、にんにくの香りが立ってきたらできあがり。バゲットを添えていただく。

きのこ塩麹の旨味がオリーブオイルにあふれ出す

野菜と塩を加えるだけでおいしく腸内環境が整う

乳酸ピクルス

塩水に漬けるだけでできる手軽さと、滋味深い味わいで大好きな乳酸ピクルスです。漬け汁にもおいしさとともに植物性乳酸菌がたっぷり含まれているので、1滴残らず使ってくださいね。マリネやサラダにももちろんおすすめ。乳酸菌の力で、お腹の調子が整う、嬉しい発酵ストックです。

漬け汁に漬けたまま
冷蔵で1ヵ月 保存可

材料 作りやすい量

きゅうり … 1本
赤パプリカ … 1/2個
にんじん … 1/3本
玉ねぎ … 1/3個
塩 … 30g
水 … 1ℓ
にんにく … 1かけ
ローリエ … 1枚

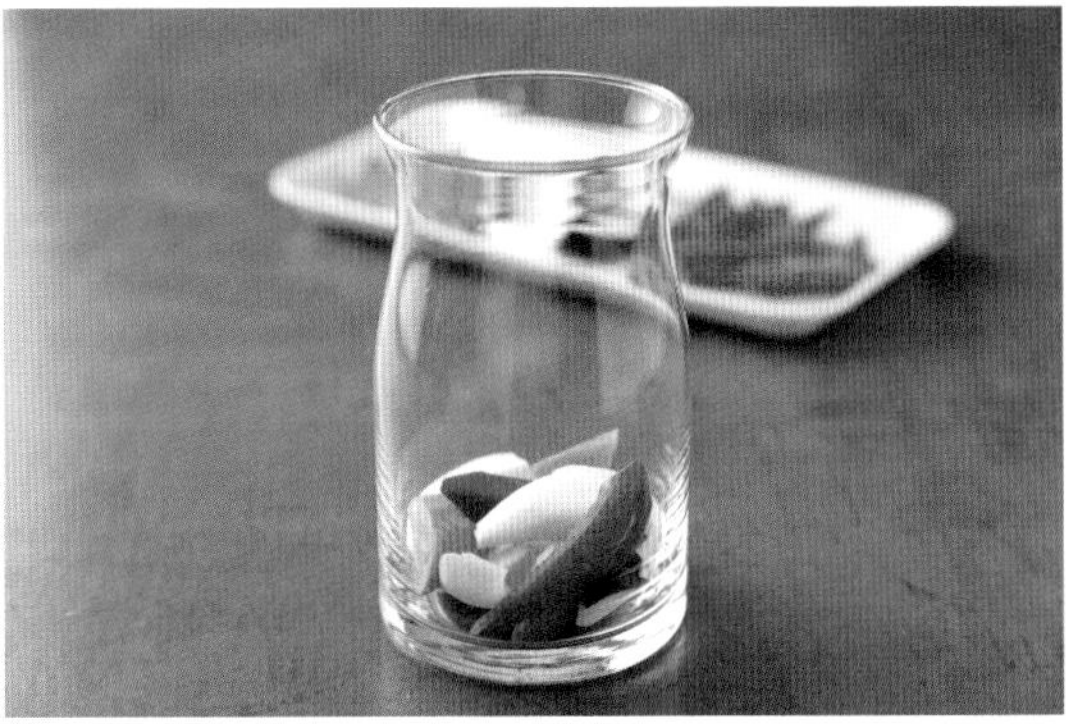

作り方

❶ きゅうりとにんじんは乱切りにし、赤パプリカは2cm幅に切り、玉ねぎはくし切りにする。

❷ 保存瓶に全ての野菜を入れ、塩を溶かした水を加える。

❸ 潰したにんにくとローリエを加えて蓋をし、直射日光の当たらない室温に置いて発酵させる。液面に少し泡立ちが見られたら(大体3～5日)冷蔵庫へ移し、保存する。数日～1週間で水が白濁し酸っぱい香りがしてきたら、できあがり。

乳酸ピクルスとささみのヨーグルトサラダ

乳酸パワーがいっぱい！
美活や腸活に効くヘルシーメニュー

材料　2人分

ささみ … 2本
乳酸ピクルス … 150g
プレーンヨーグルト … 40g
塩麹 … 小さじ1
ディル … 適量

作り方

1　沸騰したたっぷりのお湯でささみを2分ゆで、火を止めて10分放置する。お湯から引き上げて、粗熱をとる。

2　ボウルで乳酸ピクルス、プレーンヨーグルト、塩麹をよく混ぜる（a）。

3　食べやすい大きさに切ったささみと小さくちぎったディルを加えてできあがり。

ささみを入れる前に、乳酸ピクルス、プレーンヨーグルト、塩麹をよく混ぜる。

乳酸ピクルスとケーパーの炒め物

ケーパーのさわやかな香りが食欲をそそる

材料 2人分

乳酸ピクルス … 150g
乳酸ピクルスの漬け汁
… 大さじ1
ズッキーニ … 2/3本
オリーブオイル … 小さじ1
ケーパー … 小さじ1
ディル … 適量

作り方

1 フライパンにオリーブオイルを中火で熱し、1㎝幅の輪切りにしたズッキーニを炒める。

2 乳酸ピクルスと漬け汁、ケーパーを加えて(a)、汁気を飛ばすように全体を炒める。皿に盛りディルを盛り付けて、できあがり。

乳酸ピクルスは汁ごと入れるのがポイント

乳酸サンラータン麺

酸っぱすぎない、
旨味が詰まったこっくりスープ

材料 2人分

水 … 600mℓ
乳酸ピクルスの漬け汁
… 200mℓ
酒 … 小さじ2
しょうゆ … 大さじ1
塩 … 適量
干ししいたけ … スライス10枚
（又は丸ごと2個）
乳酸ピクルス … 150g
絹豆腐 … 1/2丁
卵 … 1個
水溶き片栗粉
（片栗粉と水を大さじ1ずつ溶いたもの）
… 適量
中華生麺 … 240g～
ラー油 … 適宜

作り方

1 鍋に水、干ししいたけ、酒、しょうゆ、乳酸ピクルスを入れて中火にかける。丸ごとの干ししいたけを使う場合はやわらかくなり出汁が出たらいったん取り出し、スライスして鍋に戻す。

2 乳酸ピクルスの漬け汁を加えて味見をし、塩でととのえる。3cmくらいの細切りにした豆腐を加え、水溶き片栗粉で好みのとろみをつける。

3 溶き卵を加えて（a）ふんわり固まったら、袋の表示通りにゆでておいた中華麺にかけてできあがり。お好みでラー油をかけていただく。

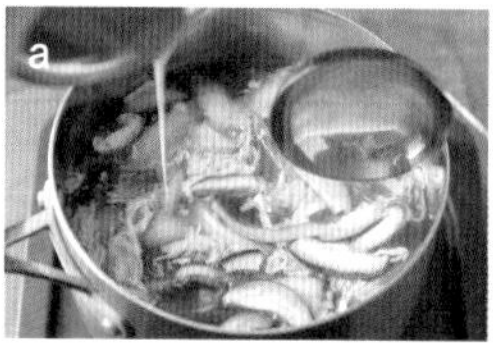

溶き卵は固まらないように、回し入れる

冷蔵で3日 作り置き可

たらの乳酸エスカベッシュ

乳酸ピクルスの旨味で簡単
スペイン流南蛮漬け

材料 2人分

たら … 2切れ
乳酸ピクルス … 150g
乳酸ピクルスの漬け汁 … 200mℓ
レモン汁 … 小さじ1
しょうゆ … 小さじ1/2
塩 … 小さじ1/2
はちみつ … 小さじ1
小麦粉 … 適量
オリーブオイル … 適量

作り方

1 たらは両面に塩（分量外）を振り15分程度置き、出てきた水分をペーパーで拭く。食べやすい大きさに切り小麦粉をはたく。

2 ボウルで乳酸ピクルスと漬け汁、レモン汁、しょうゆ、塩、はちみつを入れてよく混ぜる。

3 フライパンにオリーブオイルを熱し、**1**を揚げ焼きにして熱いうちに**2**に漬け（a）15分～ひと晩マリネしていただく。

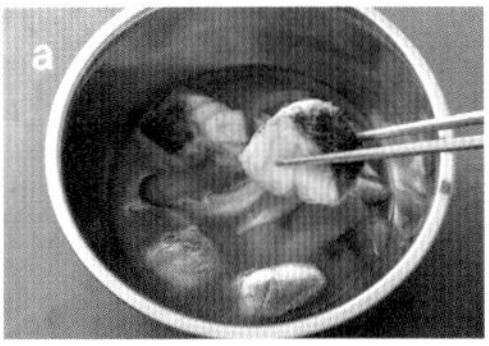

漬け汁も乳酸ピクルスと一緒に入れて、たらを漬け込む

食べてきれいになる 砂糖を使わない優しい
焼き菓子

サクサク チーズクッキー
ワインのおともにおすすめ 大人味のクッキー

材料 直径5㎝クッキー型で 約25枚分

米粉 … 80g
アーモンドプードル … 20g
ココナッツオイル（無臭タイプ）
　… 40g
卵 … 1/2個
塩麹 … 大さじ1
粉チーズ … 20g

本書で使用した米粉（共立食品株式会社）。グルテンフリーなので消化によい。

作り方 オーブンの温度：170℃　時間：13～15分

1 ボウルに米粉、アーモンドプードルを入れてよく混ぜる。ココナッツオイル（冷えて固まっている場合は湯せんなどで溶かしておく）、溶いた卵、塩麹、粉チーズを順番に加えて、そのつどゴムベラでよく混ぜ生地を作る。ラップに乗せ、上からもラップをして手のひらで生地を延ばしていく。約2㎜の厚さになるようラップの上から麺棒で伸ばしたら、お好みの型で抜いていく。

2 170℃に予熱したオーブンで13～15分焼き、粗熱が取れたらできあがり。保存する際は密閉容器に入れる。

米粉のもっちり 甘酒バナナマフィン

バナナと甘酒で甘さ控えめ
いくつでも食べたくなる

材料　マフィン型6個分

米粉 … 150g
アーモンドプードル … 30g
ベーキングパウダー … 小さじ1
ココナッツファイン … 大さじ2
バナナ … 100g（生地用）
卵 … 1個
甘酒 … 大さじ4
ココナッツオイル … 大さじ2
はちみつ … 大さじ1
飾り用バナナスライス　… 12枚
飾り用ココナッツファイン … 適量

ココナッツオイルは植物油には珍しく、中鎖脂肪酸が多く含まれています。非常に酸化に強く、即エネルギーになりやすいです。抗酸化作用もあるので、美肌効果も期待できます。

作り方　オーブンの温度：180℃　時間：20分

1 ボウルで米粉、アーモンドプードル、ベーキングパウダーをよく混ぜる。バナナは皮を剥き、フォークの背などで潰す。飾り用に2㎜の厚さにバナナをスライスする。ココナッツオイルは冷えて固まっていたら湯せんなどで溶かしておく。

2 粉類の入ったボウルに溶き卵、甘酒、ココナッツオイル、はちみつを加えてゴムベラでよく混ぜる。ココナッツファイン、潰したバナナを加えさらによく混ぜたら生地のできあがり。

3 マフィン型に生地を入れ、上にバナナスライス2枚とココナッツファイン小さじ1/2程度を乗せ、180℃に予熱したオーブンで約20分焼く。粗熱が取れたらできあがり。保存する際は密閉容器か保存袋に入れて乾燥を防ぐ。

MEMO
米粉を薄力粉に変えても作れる。

ラムレーズンの甘酒チーズケーキ

甘酒で旨味アップ
濃厚でコクのある仕上がりに

材料　直径18cmの丸型1つ分

クリームチーズ … 200g
甘酒 … 100g
卵 … 2個
米粉 … 30g
ラムレーズン … 30g
はちみつ … 大さじ2
レモン汁 … 小さじ1

作り方　オーブンの温度：170℃　時間：40分

1　クリームチーズは室温に戻しておく。ボウルにクリームチーズを入れ、やわらかく練る。甘酒、卵、はちみつ、レモン汁、米粉を順番に加えて、そのつどホイッパー（または電動ミキサー）でよく混ぜなめらかな生地にする。ラムレーズンを加え、ゴムベラでサッと混ぜたら、オーブンシートを敷いた型に流し入れる。

2　170℃に予熱したオーブンで約40分焼く。焼き上がったら粗熱を取り、冷蔵庫で数時間冷やしてから切り分けていただく。

MEMO
8cm×20cm×6cmのパウンド型などでもOK。

Chapter 3

にんにく塩麹、しょうが塩麹、
ねぎ塩麹、中華塩麹、食べる発酵生ラー油

もっと塩麹を活用！

香味発酵調味料で作るアレンジおかず

しょうがやねぎなど、
シンプルな料理も劇的に
味わい深くしてくれる香味野菜。
塩麹を加えて和えるだけ、
混ぜるだけの簡単おかずは
どんなシーンでも大活躍します。

塩麹をもっと活用！

プラスであると嬉しい 香味調味料

しょうがやにんにくは普段よくお料理をする方にとっては常備薬味ですが、そのつど、みじん切りにするのが実は手間。塩麹と混ぜておくと保存期間も伸びるので、冷蔵庫にあるととても重宝します。また通常、油を高温で長時間熱して作るラー油ですが、良い油を生のまま使える発酵生ラー油は、味はもちろん健康面でもとてもおすすめです。

独特の香ばしさで しっかり味が決まる

にんにく塩麹

冷蔵で3ヵ月 保存可

材料 作りやすい量

にんにくみじん切り … 100g
塩麹 … 50g

作り方

にんにくをみじん切りにし、塩麹を加えて混ぜる。冷蔵庫で保存する。

肉の下味や野菜と和えるだけで 簡単メニューが完成

しょうが塩麹

冷蔵で2ヵ月 保存可

材料 作りやすい量

しょうがすりおろし … 100g
塩麹 … 50g

作り方

しょうがをすりおろし、塩麹を加えて混ぜる。冷蔵庫で保存する。

ねぎ塩麹

冷蔵で2ヵ月 保存可

白ねぎの青い部分も有効活用！

材料 作りやすい量

ねぎ小口切り（白ねぎ、青ねぎどちらでもOK）
…100g
塩麹…50g

作り方

ねぎ小口切りに塩麹を加えて混ぜる。冷蔵庫で保存する。

中華塩麹

冷蔵で2ヵ月 保存可

3つの香味調味料をさらにMIX

材料 作りやすい量

にんにく塩麹：しょうが塩麹：ねぎ塩麹
=1:1:2

作り方

全ての材料を混ぜる。冷蔵庫で保存する。

arrangement

中華だれ

材料 作りやすい量

中華塩麹…大さじ2
ごま油…大さじ2
米酢…小さじ2
しょうゆ…小さじ2

作り方

全ての材料を混ぜる。冷蔵庫で保存する。

食べる発酵生ラー油

常温で6ヵ月 保存可

長時間の高温加熱で酸化させない生ラー油

材料 作りやすい量

ごま油…大さじ3
七味唐辛子…小さじ2
一味唐辛子…小さじ1
醤…小さじ2
にんにく塩麹…小さじ1
しょうが塩麹…小さじ1
塩…小さじ1

作り方

材料を全て、容器に入れて混ぜる。常温で保存する。

砂肝の唐揚げ

にんにくのパンチが効いた味つけに箸が止まらない

材料 2人分

砂肝（下処理して）… 90g
塩 … ふたつまみ
にんにく塩麹 … 小さじ2
片栗粉 … 大さじ1
油 … 適量
塩、レモン … 適宜

作り方

1 砂肝は真ん中で2つに切り、銀皮（砂肝を包んでいる薄い皮）を包丁で切り取る。1～2本切れ込みを入れたら保存袋に入れ、塩とにんにく塩麹をよくもみこんで（a）1時間～二晩漬け置く。

2 **1**に片栗粉を入れてよくもんだものを170℃の油でカラリと揚げる。お好みで塩をふりレモンを搾っていただく。

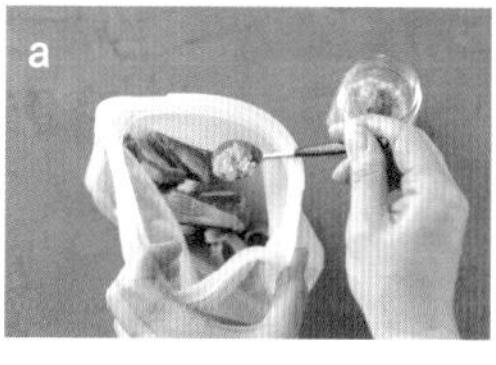

保存袋に砂肝と塩とにんにく塩麹を入れて漬け置きする

アスパラとベーコンのガーリックライス

アスパラとにんにくの香ばしさでサラッといただく

材料 2人分

ご飯 … 400g
アスパラガス … 約50g
（細いもので6本程度）
ベーコン … 50g
バター … 10g
オリーブオイル … 小さじ1
にんにく塩麹 … 大さじ1
醤 … 大さじ1
しょうゆ … 小さじ1
黒こしょう … 適量

作り方

1 アスパラガスは1㎝の小口切りにする（太いものは5㎜程度に）。ベーコンは1㎝幅に切る。

2 フライパンにオリーブオイルとバター5gを熱し、アスパラガスとベーコンを炒め、塩こしょう少々（分量外）をする。にんにく塩麹を加えてさらに炒めたら（a）ご飯を加え全体をよく混ぜながら切るように炒めていく。残りのバター5gを加えて、さらに炒め、醤としょうゆで味つけし、黒こしょうをふってできあがり。

にんにく塩麹を焦がさないように炒める

アボカドとたこのジンジャー麹レモン和え

レモンの香り華やかで前菜にもぴったり

材料 2人分

アボカド … 1個
ゆでたこ … 60g
しょうが塩麹 … 小さじ2
レモン汁 … 大さじ1
しょうゆ … 小さじ1
レモンの皮のすりおろし
　… 少々

作り方

1 ボウルにしょうが塩麹、レモン汁、しょうゆを入れてよく混ぜる。アボカドは半分に切って種を取り、8等分に包丁で切れ込みを入れ、スプーンですくってボウルに加える。

2 たこは余分な水分を拭き取り、ひと口大に切りボウルへ加える。全てをよく混ぜて(a)、調味料が全体に行き渡ったら器に盛り、レモンの皮をすりおろしてかけて、できあがり。

全ての調味料が行き渡るように混ぜる

トマトのハニージンジャーサラダ

はちみつとジンジャーがさわやかな一品

材料 2人分

ミニトマト（冷蔵庫で冷やしたもの）
… 8～10個
はちみつ … 小さじ1
しょうが塩麹 … 小さじ1/2

作り方

1 ボウルにはちみつとしょうが塩麹を入れてよく混ぜる。半分に切ったミニトマトを加えよく混ぜたら(a)できあがり。すぐにいただく。

トマトが崩れないようにゴムベラで混ぜる

冷蔵で3日 作り置き可

青菜のねぎ塩麹炒め

ねぎの香味感が青菜とマッチ。
もう1品欲しい時の強い味方

材料 2人分

青菜（小松菜、青梗菜、空芯菜など）
…1把
塩…ひとつまみ
ごま油…大さじ1
ねぎ塩麹…大さじ1

作り方

1 青菜は5cmの食べやすい長さに切る。フライパンにごま油を熱し、青菜に塩を加え、中強火で炒める。ねぎ塩麹を加えて(a)サッと炒めたらできあがり。

POINT
シャキシャキ感を残すため短時間で仕上げる。

ねぎ塩麹を大さじ1加える

冷蔵で3日 作り置き可

ささみのねぎ塩麹和え

ヘルシーなささみはわさびがピリッとアクセントに

材料 2人分

ささみ … 3本
酒 … 大さじ2
ねぎ塩麹
… 大さじ1と1/2
わさび … 適量

作り方

1. ささみは食べやすい大きさに切り、フライパンに酒と一緒に入れ蓋をして、中火にかけ酒蒸しにする（a）。水分がなくならないように様子を見ながら（蒸発したら酒を加える）3〜4分蒸したらボウルに引き上げる。
2. ねぎ塩麹とわさびを混ぜたものとささみをよく絡めてできあがり。

ささみは酒蒸しにすることでパサパサにならない

油《ユー》淋《リン》鶏《チー》

3つの調味料で簡単にできる定番メニュー

材料 2人分

鶏もも肉 … 1枚
玉ねぎ醤 … 大さじ3
片栗粉 … 大さじ2
油 … 適量
中華だれ … 適量
塩、こしょう … 少々
サニーレタス … 適量

作り方

1 鶏もも肉の両面に塩、こしょうをして片栗粉を薄くまぶし(a)、油で揚げ焼きする。油を切り食べやすい大きさに切る。

2 サニーレタスとともに皿に盛り、中華だれをかけてできあがり。

片栗粉は薄くまぶす

蒸しなす

中華だれをかけるだけで蒸しなすがご馳走に！

材料 2人分

なす … 2本
中華だれ … 適量

作り方

1　なすはピーラーで交互に皮を剥き、蒸し器で10分ほど蒸す(a)。またはフライパンになすを入れ1/3くらいの水を入れて蓋をし、水が無くならないようにして中火で10分ほど蒸す。

2　粗熱が取れたら縦に4～6等分に切り、中華だれをかけていただく。

なすは丸ごと蒸し器で蒸す

ラー油ぎっしりナッツのせ冷奴

ナッツと豆腐の食感がやみつきになる一品

材料 2人分

お好きな無塩ナッツMIX
（アーモンド、ピーナッツ、カシューナッツ、くるみなど）… 15g
食べる発酵生ラー油
… 小さじ1～お好みで
絹豆腐 … 1/2丁

作り方

1 ナッツを粗く刻み、フライパンで焦げないように炒る（a）。ボウルにラー油と混ぜ、冷奴に乗せていただく。

焦げないように中火で炒る

ラー油ツナきゅうりのせ そうめん

夏の定番メニューをピリ辛アレンジ

材料 2人分

そうめん … 3～4把
（450～600g）
きゅうり … 1本
ツナオイル漬け缶
（オイルを切って）… 60g
食べる発酵生ラー油
… 大さじ1/2 ～お好みで
しょうゆ … 小さじ1/2

作り方

1 そうめんは表示通りゆでて冷水で締める。

2 きゅうりは縦半分に切り、7㎜程度の斜め薄切りにし塩ふたつまみ（分量外）で塩もみして水気を絞る。ボウルにきゅうり、ツナ、ラー油、しょうゆを入れてよく混ぜ（a）、器に盛ったそうめんに乗せて混ぜながらいただく。

ツナはオイルを切って混ぜる

発酵調味料で作る

簡単おつまみ

冷蔵で1週間　作り置き可

ゆで卵の塩麹漬け

そのまま食べても
お弁当に入れてもおいしい

材料　1個分

卵 … 1個
塩麹 … 小さじ1
水 … 小さじ1

作り方

1　沸騰したお湯に冷蔵庫から出したばかりの卵を入れて7分ゆでる。

2　ゆで上がったらすぐに冷水に取り、殻を剥いて保存袋に塩麹と水と一緒に入れて冷蔵庫でひと晩漬ける。

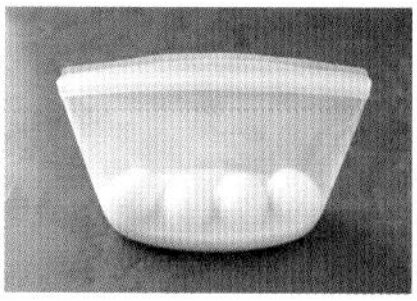

MEMO
卵を増やす場合は塩麹、水も数に応じて倍量にする。

冷凍で2ヵ月 保存可

ハーブサルシッチャ

ハーブの風味が楽しめる
イタリアンソーセージ

材料 約80gのサルシッチャ4本分

豚ひき肉 … 300g
玉ねぎ醤 … 大さじ2
ハーブミックスソルト … 小さじ1/2
（塩が入っていないハーブミックスを使う場合はひとつまみの塩も加える）

作り方

1 材料を全てよく混ぜ（a）、冷蔵庫でひと晩～二晩漬け置く。

2 手に油（分量外）を少量塗り、約80gずつの細長い形に成形する。

玉ねぎ醤を加えて
混ぜる

アスパラのウフマヨ

朝食にもぴったりな
とろける簡単おつまみ

材料 1～2人分

アスパラガス … 4～6本
ゆで卵の塩麹漬け … 1個
パルミジャーノチーズ
（または粉チーズ）… 少々
[ソース]
プレーンヨーグルト … 大さじ2
玉ねぎ醤 … 小さじ1
にんにくすりおろし … 少々
米油 … 小さじ1/2

作り方

1 アスパラガスは根本の硬い部分を切り落とし、下から2cm程度ピーラーで剥く。沸騰したお湯で1分ゆでて水にさらし冷やす。

2 ボウルにヨーグルト、玉ねぎ醤、にんにくすりおろしを入れて混ぜ、米油を加えて（a）よく乳化させてソースを作る。

3 皿にアスパラガスとゆで卵の塩麹漬けを盛り、**2**のソースとパルミジャーノをかけてできあがり。

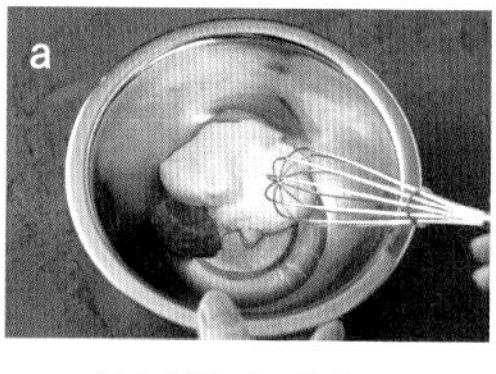

ソースはよく混ぜて乳化させる

冷蔵で3日 作り置き可

スモークサーモンのポテサラ

スモークサーモン、ゆで卵の塩味が絶妙のポテトサラダ

材料 2人分

じゃがいも（大）… 2個
玉ねぎ醤 … 大さじ1
ズッキーニ … 1/3本
スモークサーモン … 50g
ゆで卵の塩麹漬け … 1個
乾燥ハーブミックス
（または乾燥オレガノやタイム、ローズマリーなど）… 少々
オリーブオイル … 大さじ1
塩 … 小さじ1/2
白こしょう … 少々
にんにくすりおろし … 少々
生こしょうの塩漬け
（またはケーパー）… 10粒

作り方

1 じゃがいもは皮を剥き4等分にし、沸騰したお湯で7～10分やわらかくなるまでゆでる。ズッキーニは2～3㎜の薄切りにし塩ひとつまみ（分量外）をもみこんで水気を絞る。スモークサーモンとゆで卵の塩麹漬けは食べやすい大きさに切る。

2 じゃがいもがやわらかくゆで上がったら、お湯を切り鍋に戻し、玉ねぎ醤を加えて中火で1分ほど炒める（a）。その後マッシャーなどで潰す。

3 ボウルに**2**、オリーブオイル、塩こしょう、にんにくすりおろし、乾燥ハーブを加えてよく混ぜ、ゆで卵とスモークサーモン、ズッキーニ、刻んだ生こしょうを加えて混ぜたらできあがり。

a

玉ねぎ醤を加え火を通すと麹菌のアミラーゼが失活し、じゃがいもがドロドロに溶けない

焼きサルシッチャ

焼くだけでOK。旨味たっぷり
ジューシーなおつまみ

材料 2～4人分

ハーブサルシッチャ … 4本
サニーレタス … 適量
ライム … 1/6個

作り方

1 フライパンを中弱火で熱し、サルシッチャを並べ蓋をして片面7～8分かけてじっくり焼く(a)。サニーレタスとともに皿に盛り、ライムをたっぷり搾っていただく。

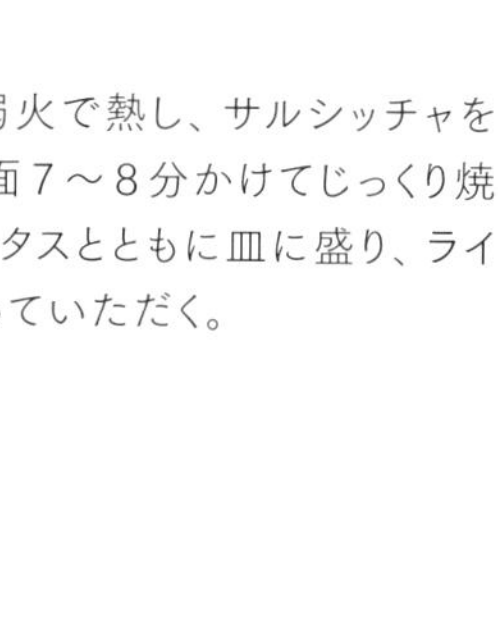

中弱火でじっくり焼く

冷蔵で3日 作り置き可

トマト煮込み ガーリックトースト添え

旨味たっぷりのソースと
サルシッチャがお酒に合う

材料 2～4人分

ハーブサルシッチャ…4本

A ホールトマト缶 … 1缶（400g）
- 醤 … 大さじ1
- 塩 … 小さじ1/2
- 潰したにんにく … 1かけ
- ローリエ … 1枚

プレーンヨーグルト … 40g
塩麹 … 小さじ1/2
クミンシード … 小さじ1
バゲット … 4枚
にんにく … 1かけ
（またはにんにく塩麹 … 小さじ2）
バター … 10g

作り方

1 鍋に**A**を入れてトマトを潰し中火でソースを作っている間に、フライパンでサルシッチャの表面を焼く。表面が焼けたらソース鍋に入れ（a）、蓋をして10～15分煮込み中まで火を通す。器に盛り、ヨーグルトと塩麹、クミンシードを混ぜたソースを添え、混ぜながらいただく。

2 バゲットににんにくをこすりつけ、バターを塗って（または、バゲット1枚ににんにく塩麹小さじ1/4とバター小さじ1/2を塗って）トースターで焼く。

サルシッチャは鍋で煮こむので
焼くのは表面だけでOK

おわりに

本書をお読みいただきありがとうございました。
今、あなたが「早く作ってみたい！」と
ワクワクしてくださっていたら嬉しいです。

私たちはいつも、それぞれのライフステージで忙しい毎日です。
やるべきこと、やりたいこと、本当はやりたくないこと……。
そんな中でも食事をしない日はありません。
できれば簡単に作れて、そして毎回食べるのが楽しみになるようなご飯は
心も体も満たしてくれ、明日への活力になります。
皆さんの生活に発酵食が寄り添って、そんなご飯作りができますように。
本書がお役に立てましたら幸いです。

2023年7月　清水紫織

神楽坂発酵美人堂について

麹文化やそれを作る職人の技など、継承していくべき食文化の魅力を発信する神楽坂発酵美人堂。届いてすぐ仕込める動画付き発酵キットや季節ごとの手仕事を楽しめ、忙しい現代でも取り入れやすいレシピをご提案しています。

https://www.hakko-bijindo.com/
https://hakkobijin.base.shop/
Instagram＠hakko_bijin

清水紫織

発酵料理教室「神楽坂発酵美人堂」店主。日本ソムリエ協会認定ソムリエ。

妊娠をきっかけに自身のアレルギーについて学ぶなかで、腸内環境を整える重要性に気づき、発酵食品の魅力を知る。東京農業大学醸造科で学びながら２０１５年発酵料理専門の料理教室と食品ブランド「神楽坂発酵美人堂」を立ち上げる。延べ２０００人の生徒と発酵料理を作り「これならできる」を大切に独自のセンスで発酵文化を伝えている。オープン以来「０歳からの腸活」を掲げ、食育活動にも力を注ぐ。

著書に『はじめてでも とびきりおいしくなる！ 発酵料理のきほん』『発酵調味料でつくる からだにいい発酵スープ』（ともに朝日新聞出版）がある。

２０２３年から山梨県甲州勝沼にアトリエキッチンを移し、都内でのレッスンに加えて２拠点生活をスタートしている。

"漬けて置く"だけ、おいしく整う

発酵食のストックレシピ

2023年7月25日　初版1刷発行

著者　清水紫織
発行者　角竹輝紀
発行所　株式会社マイナビ出版
〒101-0003
東京都千代田区一ツ橋2-6-3　一ツ橋ビル 2F
TEL:0480-38-6872（注文専用ダイヤル）
TEL:03-3556-2731（販売部）
TEL:03-3556-2735（編集部）
MAIL:pc-books@mynavi.jp
URL:https://book.mynavi.jp

＜注意事項＞
・本書の一部または全部について個人で使用するほかは、著作権法上、著作権者および株式会社マイナビ出版の承諾を得ずに無断で複写、複製することは禁じられています。
・本書についてのご質問等ありましたら、上記メールアドレスにお問い合わせください。インターネット環境がない方は、往復ハガキまたは返信切手、返信用封筒を同封の上、株式会社マイナビ出版　編集第2部書籍編集3課までお送りください。
・本書に掲載の情報は2023年7月現在のものです。そのためお客様がご利用になるときには、情報が異なっている場合がございます。
・乱丁・落丁についてのお問い合わせは、TEL:0480-38-6872（注文専用ダイヤル）、電子メール:sas@mynavi.jpまでお願いいたします。
・本書中の会社名、商品名は、該当する会社の商標または登録商標です。

定価はカバーに記載しております。
©2023 Shiori Shimizu
©2023 Mynavi Publishing Corporation

ISBN 978-4-8399-8342-0
Printed in Japan

STAFF

撮影　回里純子
デザイン　高橋朱里（マルサンカク）
スタイリング　石井なお子
調理補助　鈴石真紀子
編集　百田なつき
企画・編集　野村律絵（マイナビ出版）
校正　株式会社鷗来堂
印刷・製本　株式会社ルナテック